おそロシアに行ってきた

嵐よういち

彩図社

まえがき

みなさんは、ロシアと聞いて何を連想するだろうか？

プーチン、レーニン、赤の広場、共産主義、ソビエト連邦、ピロシキ、ボルシチ……。また最近では、ロシアで撮影された奇想天外な動画や写真を『おそロシア』と呼んで楽しんでいる人も多い。しかし、日本人は本当のロシアをどれほど知っているのか？

俺も昔から世界中を旅してきたが、ロシアについてのイメージはほとんど湧いてこないし、ロシアの〝前身〟であるソ連については、テレビや映画、スパイ小説などから得た情報しかなく、社会主義国の親玉で悪いことばかりしている国で、国民には自由がなく苦しい生活を強いられているといった偏った印象しか持っていなかった。

2016年に行った未承認国家を取材する旅で、旧ソ連領のウクライナ、モルドバ、ジョージアをはじめとして、ロシアに占拠されているクリミア共和国やロシアの影響下にあるアブハジア共和国や沿ドニエストル共和国などに足を運んだ（詳細は『未承認国家に行ってきた』に収録）。

そこにはいまだにソ連時代の建物や考え方が残っていて、非常に興味深かった。俺が思っていたような古めかしいソ連の姿もあったが、欧米諸国の影響を多少なりとも受け、開放的に変わろうとしている側面もあった。

その取材の中で俺は旧ソ連の基幹民族であるロシア人に興味を持ったし、ロシアにも訪れたいと強く思うようになっていた。


ロシア人はいつも無表情で不愛想なのか？

ウォッカばかりを飲んでいるのか？

英語はまったく通じないのか？

ネットで言われる『おそロシア』のような世界なのか？

観光をして楽しいのか？


そんなことを考えると我慢できなくなってきたので、俺の担当編集のMにも相談することなく、勝手にロシア行きを決めてしまった。

今回の旅には相棒がいる。28歳のカメラマンであるチャンピーだ。彼と初めて出会ったのは知り合いの飲み会イベントである。第一印象は非常に明るくて社交的な男というものだった。昔から俺の本を愛読してくれているらしく、更に俺と丸山ゴンザレスが

２０１０年から配信している『海外ブラックロード・ポッドキャスト』のリスナーでもあった。

ロシア行きを決めた時、すぐにチャンピーの顔を思い浮かべた。やつは旅慣れているし、フリーの仕事なので２週間ぐらいなら自由に休みが取れるという話を聞いていたからだ。俺は携帯電話に手を伸ばした。

「チャンピー、俺と一緒にロシアに行かない？」

「なんですか、突然。でも、ロシアですか……いいですね。行きたいです！」

「よし、あとで日程を知らせるから２週間休めるように調整よろしく」

こんな簡単なやりとりで旅の相棒が決まったのだ。

旅のコースは、「日本から最も近いヨーロッパ」の極東・ウラジオストックからスタートして、１９４５年の終戦以降ロシアに実効支配され、国際的にもロシアの領土になっている北海道の上にある島の樺太（サハリン）、そしてロシアの飛び地であるカリーニングラード、最後には首都のモスクワを見ておきたいと思っている。

２０１７年７月に出発したこの〝夏のロシア〟の取材で本を書こうと思っていたのだが、その後、俺は鬼編集Ｍによってほとんど強制的に〝冬のロシア〟の追加取材もさせられることになる。詳細は後述するが、この取材にはＭも同行することになった。冬のロシア取材では、芸術の都サンクトペテルブルクと、マイナス20度以下になる極寒のシベリアの地イルクーツクを訪れている。

東アジア情勢にも大きな影響力を持ち、政治的・経済的にも一層関わりが強くなっていくと思われるロシア。

実際に訪れたロシアはどんな場所なのか？『おそロシア』の真の姿を多くの人に知ってほしいと思っている。

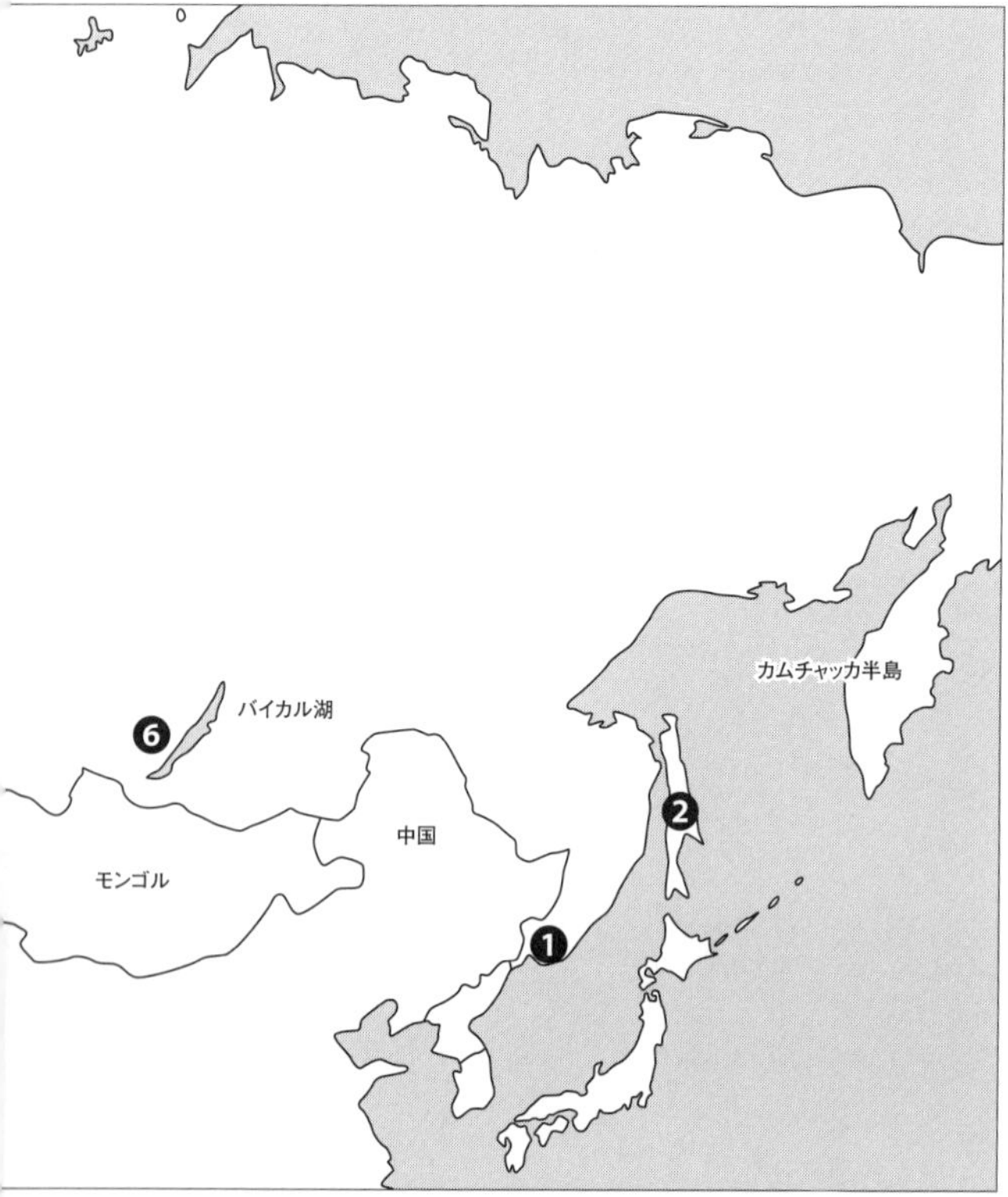

❸カリーニングラード　❹モスクワ

今回訪れたロシアの都市

❶ウラジオストック　❷樺太（サハリン）
❺サンクトペテルブルク　❻イルクーツク

おそロシアに行ってきた　目次

第1章 『ウラジオストック』

日本から一番近いヨーロッパ

第2章

『樺太(サハリン)』

ロシアが実効支配を続ける

第3章 ロシアの飛び地『カリーニングラード』

第4章 ヨーロッパ最大の都市『モスクワ』

第5章 世界遺産都市『サンクトペテルブルク』

第6章

『イルクーツク』

極寒のシベリア

第1章
日本から一番近いヨーロッパ『ウラジオストック』

ウラジオストック初日と暴れるポット

なんじゃこれ〜〜〜。どうなっているのだ！

部屋に置かれている電気ポットから熱湯がマグマのように『ブクブク』と音を立てながら溢れている。ソ連時代から継承されてきていると思われる古い電気ポットは沸騰しても自動的に止まらないらしい。

俺は瞬時にスイッチを切ろうとするが、熱すぎて触れない。なおもポットは変な音を立て続け、沸騰に耐えられなくなったのか、ガタガタと動き始めた。俺は咄嗟にコードを抜こうとしたが、電流が指先に走る。これでは感電してしまうではないか。旅の同行者のチャンピーは宿のオーナーに用事があるらしく部屋にはいない。

俺は立ちすくむ。初日からなんでこんなことが起きるんだよ！

ウラジオストック。

心地良くロマンのある響きで、小さな頃からよく耳にしていた地名。ここは日本から一番近いヨーロッパであり、直行便に乗れば、わずか2時間半で着いてしまう場所だ。

日本との関わりは深く、１８７６年に領事館が置かれ、鉄道建設のために労働者として多くの日本人が渡った。最盛期には６０００人が住み、日本人街も形成されていた。ウラジオストックの沿海州はもともと中国の領土だったが、１８６０年にロシアのものになった。そしてロシアは軍港を求めて港を築き、この土地をロシア語で『東方を征服せよ』という意味のウラジオストックと命名。ウラジオストック市の人口は約63万人（２０１６年1月、沿海地方統計局）で極東地域最大の都市である。

宿に到着したのは21時を過ぎた頃だった。小雨がぱらつき、少し肌寒い。フロントに行くと40代位の肌を露出した服を着た美人なオーナーが上手くはない英語で「そろそろ着く頃と思っていたわ」と歓迎してくれる。俺のイメージでは、ロシアといえば英語を一切話そうとしない不愛想な対応で迎えられると思っていたのだが、いきなり面食らった。

ホテルの隣にはローカルな商店があり、ビールを探していたら中央アジア系のオーナーがフレンドリーに話しかけてきた。日本から来たと言うと、いろんな質問を浴びせてくる。「ビールはこっちに売っているよ」と教えてくれたので棚を見ると、たくさんの銘柄が並んでいた。

その中の「お米」と日本語表記された大瓶に目が留まった。どうしてこんな名前を付けるのか不思議である。俺とチャンピーは変わった名前に惹かれて購入。今回の本はロ

『お米』ビールと現地の有名ビール

シアで面白いものを見つけてくるという使命がある。

　カウンターの奥に地ビールが何種類も並んでいる。空の容器にビールを入れてもらうシステムのようだが、どうやって注文していいかわからない。チャンピーがカウンターの中に入り、空の容器を手に取るとスタッフの女性が凄い剣幕で大声を上げた。

　ロシア語で怒っているが意味が理解できずにチャンピーが立ち止まっていると、「ここから離れろ！　中には入るな！」と言っているようだ。このようなシチュエーションにはこれから何度も遭遇するがロシアの中年女性は一度怒り出すと、なかなか沈静化しない傾向がある。チャンピーがカウンターから出ると、女性は指定した琥珀色のビールを容器に注いでくれた。

　部屋に戻って、まず「お米」を飲んでみる。コクがなくて水っぽく、少しガッカリする味である。次に地ビールを口に入れてみた。

「どうですか？　嵐さん」

「んー、馬の小便みたいかなぁ」

俺は顔をしかめた。臭みのある馬糞のような香りが口内に広がり飲めたものではない。

時計を見ると22時を過ぎている。小腹が空いたので商店で買ったカップ麺を食べることにした。電気ポットに水を入れてコンセントを差し込む。

数分後、俺は沸騰したお湯をまき散らしながら暴れるポットの前で立ちすくんでいた。スイッチは熱くて触れないし、コンセントは感電するから抜くことができない。焦燥感が募ってくる。

部屋に戻ってきたチャンピーもこの光景に唖然としている。すると彼は咄嗟に服を脱いで手袋代わりにしてコンセントを引き抜いた。チャンピーはいい働きをする。しかし、お湯はかなりこぼれてしまっていて、妙に濃い味のカップ麺を食べることになった。初日からロクなことがないが、ロシアにやってきたという実感が湧いてきた。

これが問題のポットだ

ロシアの交通マナー

「橋を歩いて渡れないぞ！」

俺は後方を歩くチャンピーに叫ぶ。渡れるはずだと思っていた歩道は封鎖され、道の反対側にいる警備員が「通行禁止だ！」と俺たちに怒鳴っている。

２０１２年に完成したウラジオストックの見所である黄金橋は、金角湾に架かる737メートルの長い橋である。事前の情報ではこの橋は歩いて渡ることができるはずだった。そのためホテル代が高いウラジオストックでは中心街ではなく、比較的安い郊外に宿を取ったのだ。タクシーを使わずに橋を歩いて渡り、街と往復しようと考えていた。山の頂上にいるような霧に覆われ、小雨が降り続けるウラジオストックの街で早くも想定外のことが起きてしまった。

バス停に行き、対岸に向かう方面のバスに乗り込んで降りてみたが、中心地からかなり逸れているようだ。道路を横切ろうとするが、完全に車社会のようで、歩行者用の道が少なくて歩きにくい。

だが、ロシアの道路では信じられないことが起こるのである。道幅が広い道路では、交通量が多くても俺たちが歩き出すと次々に車が停まってくれる。

昨年、俺はロシアが軍事支配しているクリミア共和国に行った。交通ルールもロシアである。俺はロシアといえば動画などで観る、とてつもなくマナーの悪いドライバーばかりだと勝手に思っていたのだが、日本も見習ってほしいくらい歩行者に優しかった。自分が支配者になったかと錯覚するほど車が停まってくれるのだ。

このウラジオストックでもそれは同じで、労せずして横断することができる。こんなに運転マナーがよかった場所は、俺が過去に行った中では南米のチリとロスアンゼルスの郊外ぐらいのものだ。まさか、ロシアでこんな体験ができるとは。

聞くところによると、もともとロシア人は運転マナーが悪かったが、警察が取り締まりを強化し罰金も高くなったらしい。頻繁にパトカーが見張っており、歩行者に道を譲らないと取り締まられるため、マナーが改善されたようだ。その反面、ドライバー同士のトラブルは多く、ロシア在住の日本人によれば喧嘩をしたり揉めているところを目にすることは多いという。

ロシアのサンフランシスコ

俺たちは坂道を歩いていく。ウラジオストックは坂が多く、「ロシアのサンフランシスコ」とも言われているらしい。息を切らせながら観光名所の「鷹の巣展望台」に到着すると、最初に目に留まったのが中国人団体客である。

中国人旅行者が世界中の観光地に大勢いるのを嫌がって、避けたり、悪口を言う人がいるが、日本人団体客の20年以上前の姿とかぶる。日本人も昔はそうだったのだ。どこの観光地もジャパンマネーで占拠し、カメラを首からぶら下げて、現地の人に奇異の目で見られていた。

俺も旅をしていて外国人旅行者に「なんで日本人は世界中の観光地に団体であんなにいるんだ?」「なんで皆メガネをかけていて首からカメラを提げているんだ?」と何回も聞かれたものだ。中国人団体客を見ていると昔は日本人団体客がどこにでもいたなと懐かしく感じてしまう。

お金を払うとこんな写真が撮れる

中国人は独特のポーズを取ってカメラに収まっている。ロシアの民族衣装を着ている若い女性がいて、看板には『ロシアの女の子と写真100ルーブル・2$』と日本語でも書かれている。

この場所からは発展途上のウラジオストックの街を一望できる。

霧が覆う中、金角湾に軍艦が浮かび、その奥には黄金橋が見える。

展望台からは街を一望することができる

展望台から降りて歩いて街を散策した。日が出ていないために街は暗い。気温は7月下旬なのにわずか20度である。街の中心ストリートはスヴェトランスカヤ通りで、帝政ロシアの時代から続く古い建造物が残っており、政府の主要施設や銀行が立ち並ぶ。日本から一番近いヨーロッパの姿がここにはある。

散策しているうちに雨が激しくなり、しばらく雨宿りをする。チャンピーが携帯のＳＩＭカードを買いたいようで電器店に入るが、店員はロシア語しか話せずに困る。客の中国人のオバちゃんが流暢なロシア語で店員と会話をしていて、俺たちを中国人だと思ったのか、中国語で話しかけてきた。

ウラジオストックはもともと中国の領土で地理的に

も近いため、中国人が多く住んでいる。朝鮮人もかなりの数だ。街を歩いていても東洋人の姿を当たり前のように見るし、中国・韓国レストランや、彼らが経営する店も多い。

チャンピーがＳＩＭカードを購入すると雨は止んでいた。俺たちはウラジオストック駅に向かう。ウラジオストックからモスクワまで7泊8日で走るシベリア横断鉄道は有名だが、この駅はその出発地なのである。俺は昔からシベリア横断鉄道に憧れがあった。

ウラジオストック駅は１８９３年に開業し、１９１２年に完成した駅舎は現在クリーム色に塗られている。歩道橋の上から線路を見ると、20両編成ぐらいの長い列車がゆっくりと走っている。ホームには自由に入れるのでそこを進んで行くと時計があった。時刻がなんだかおかしい。チャンピーが言う。

「嵐さん、これ、モスクワ時間を示していますね」

現在時刻は11時10分なのだが、目の前にある時計の針はモスクワとの7時間の時差を計算し、4時10分を指している。列車のチケットにもモスクワ時間が表記されているのでそれを知らなかったり、慣れていないと大変なことになってしまう。どうしてこんな厄介なシステムになっているのだろうか？

ロシア人によると、あまりにも広大なロシア国内を網羅している列車は、時差など関係なく一元的に捉えないといけないし、小さい時からそれが当たり前だからあまり不便はないという。

駅からフェリー・ターミナルまでは連絡橋で繋がっているので行ってみることにする。ここは外国から貨物船や客船が入港する、しっかりとした建物のターミナルで、乗客が長蛇の列を作っている。昔は日本からフェリーでこの港に着き、そのまま駅に移動してシベリア鉄道で大陸を横断したのだろう。そんなことを想像しているとウキウキしてくる。

ターミナルは観光地化されているようで、観光客も大勢いる。また、この港には有名な北朝鮮の『万景峰号』が停泊するが、1ヵ月に1回の頻度で不定期に来るので、よほど運がよくないとお目にかかれないだろう。

俺たちは写真撮影をして、「噴水通り」と呼ばれている、アドミラーラ・フォーキナー通りまで歩く。通りの真ん中には噴水があり歩行者天国になっている。若者が好みそうなお洒落な店が立ち並び、ロシアといった感じがしない。いつもなら地元の人や観光客で

時計はモスクワ時間を指している

潜水艦の操縦室。好きな人にはたまらないだろう

賑わっているだろうが、再び雨足が強くなってきたので、人気がない。しばらく雨宿りをする。

少し休むと雨が落ち着いてきたので、通りを真っすぐに進むと、スポーツ湾という変わった名前の湾がある。天気がいい日には日光浴や海水浴を楽しむ人もいるという。海辺にはチャイニーズ料理や、海鮮類の店などが並んでいるが、どれも値段は高い。

「C-56潜水艦博物館が徒歩圏内にあるので行きましょうよ」

チャンピーが提案してくるので、海軍基地のほうに向かうことにする。

右手には海が見え、軍艦が停まっている。歴史的に重要な基地のはずだが、緊張感はなく、兵士が向けてくる眼差しも優しい。すると、道を挟んだ左手にC-56潜水艦が見えた。これはソビエト時代の主力潜水艦で、ウラジオストックにも多く配備されていた。今は博物館になっていて中に入ることができるらしい。

見学者は俺たちだけで、艦内は非常に蒸し暑い。一角にクーラーがあるのだが、とても全体を冷やすことはできない。当時の潜水艦に乗ったつもりで設備に触ったりしながら楽しんだ。ベッドがたくさん吊り下がっているが、よくこんな狭い場所で長期間耐えられるものだ。俺は狭い場所が苦手なので訓練段階でクビになってしまうだろう。

ガッカリする水族館

翌朝、俺たちは宿の近くでタクシーを拾い、海に面した高台にある要塞博物館に向かう。海からの外敵を防衛する目的で造られた要塞は、19世紀には完成したという。現在は当時の様子などを展示する博物館として利用している。

それほど期待していなかったのだが、いい意味で裏切られた。スタッフは親切だし、要塞にまつわる古い写真や武器などが展示されていて非常に興味深かった。敷地内には日本軍の大砲も展示されている。ぜひお勧めしたい場所だ。

博物館の隣にはB級感漂う水族館がある。来場者の姿は見えないが、館内が気になる。俺は水族館が好きで日本国内はもちろんのこと、海外でも多く訪れている。中でも気に入っているのが南アフリカのケープタウンにある水族館だ。巨大なホオジロザメが悠々

亀だけの池。さびしすぎるぞ

と泳ぐ姿は圧巻で、合計4回も訪れた。

ここの水族館はあまり期待が持てないが、入場料も安いので突入してみよう。入った途端、館内が蒸し暑いことに違和感を覚えた。通常、水族館は涼しいものだ。客は10人ほどしかいないし、土産物が売られている売店にはスタッフがいない。

魚も全体的に少なく、ある水槽は電気がついていないので真っ暗でなにも見えない。別の水槽の前には液晶画面があり、魚の生態を説明しているかと思いきや、全然関係のない商品のCMが流れている。また、海岸に行けばどこにでもいそうな貝だけの水槽や、ヒトデだけの水槽もある。極めつけは亀だけが集められた池だ。何種類かの亀がいるが、一切の説明がない。俺はなんだかみじめな気分になりながら呑気に泳ぐ亀を眺めていた。

外に出ると海が見たくなり、海岸の広場に向かう。

小腹が空いたので、小太りのオバちゃんがやっている屋台でピロシキとホットドッグを注文する。待っている間、チャンピーがオバちゃんの写真を撮ろうとした。すると、オバちゃんは物凄い剣幕で怒り出す。勝手にカメラを向けたことに腹を立てたのだろう。チャンピーはカメラをしまって謝った。無断でカメラを向けた非礼があったとはいえ、チャンピーは詫びているのだ。普通、そこで終わりである。だがオバちゃんはなおもロシア語で怒鳴り続けている。一見、穏やかそうなオバちゃんがどうしてここまで怒るのか？　ここは観光客が集まる場所で、外国人の姿も見慣れているはずだ。俺たちは唖然としながら彼女の怒りが収まるのを待つしかなかった。

おそロシアな観覧車

水族館の近くに古びたスタジアムがある。外のグラウンドでは陸上の練習が行われている。ここはＦＣルチ・エネルギア・ウラジオストックという、サッカー好きの俺でも知らないチームのホームグラウンドだ。

残念ながら２０１８年のロシア・ワールドカップでは会場にはならなかったが、このスタジアムのことを調べてみたら興味深い話があった。１９４５年８月、旧満州や樺太（サハリン）に侵攻したソ連軍によって、大勢の日本人が捕虜になった。彼らがソ連の命令で造らされたものの1つがこのスタジアムだった。今はそのことを知らないであろう若者たちが汗を流しながら練習している。

そこからスポーツ湾に向かって進んでいく。湾の中州のようになっている場所には遊園地があり、地元の人や観光客が大勢いる。俺は観覧車に目を留めた。高い場所から写真や動画を撮影したかったのだ。年齢に比例するように高い所が苦手になってきているが、これぐらいの高さなら大丈夫だろう。

チャンピーと観覧車に乗り込もうとしたが、安全管理など知らないとばかりにスタッフは誰もいない。自分たちで乗り込んだがゴンドラのような造りでドアもついていない。体の大きい人や酔っぱらいは落ちる危険性がある。

観覧車は上昇し始めたが、急角度の上、スピードが速い。最初のうちは記念撮影をしたり、景色を堪能していたが、突然、手から汗が染み出し、怖くなってきた。

「チャンピー、俺、怖いよ」

「嵐さん、僕もです。なんですか、これ」

下を見ると、想像以上に高く、細いワイヤーのような安全装置だけでは心配になる。

変な横揺れがし、俺は心の中で悲鳴を上げ、手すりを握って目をつぶった。

しばらくすると、観覧車は下降し始め、心に余裕が出てきた。すると、俺たちと交差するゴンドラに地元民らしき20歳位の２人組の女性がいた。彼女たちは俺たちを見ている。俺が微笑むと返してくれる。そして俺が手を振ると返してくる。おそらく彼女たちは日本に興味のある地元の子たちで、俺たちと友達にでもなりたいのだろう。これは声をかけてみるしかないではないか。

乗ってみると心底怖ろしい観覧車

観覧車から降りた俺たちは彼女たちが降りてくるのを待っていた。「日本から来た観光客だけど記念に一緒に写真を撮りたい」とでも言ってお近づきになろう。

彼女たちは観覧車から降りてくると、髭がモジャモジャで、シベリアに生息している熊のような父親と思われる男のもとに向かい、楽しそうに会話を始めた。

……俺たちは退散した。

万景峰号が停泊していた

ウラジオストックの中心部は建設中の建物が目立ち、東洋人の労働者が多い。最初は中国か中央アジアからの出稼ぎ者かと思っていたが、知っている朝鮮語の単語が聞こえてきた。どうやら彼らは北朝鮮からやってきた労働者のようで、顔は日焼けして黒く、黙々と働いている。

万景峰号が定期運航するようになってから北朝鮮労働者は増加し、主に工事現場などで働いているようだ。その背景にはロシアの労働力不足があり、自国の人がやらないような仕事を外国からの労働者でまかなっている。

ウラジオストック駅近くを歩いていると再び雨が降り始めてきた。チャンピーが言う。

「嵐さん、すいませんが僕のカメラを持っていてくれませんか？」

カメラマンのチャンピーは高級一眼レフカメラを首からぶら下げているのだが、腹が痛くなったので用を足す間、持っていてほしいらしい。

「いいけど、トイレはどこ？」

「そこに有料の公衆トイレがあるので、金を払っていってきます」

ロシアの公共トイレは汚いことで有名だ。だが、このトイレの入口には番をするオバちゃんがいて、お金を請求している。最低限の掃除ぐらいはしているだろう。俺はチャンピーのカメラが雨に濡れないようにして、タバコに火をつけた。ロシアには喫煙者が多いのに、吸える場所が少なすぎる。ホテルはどこでもダメで、レストラン、バーもダメ。必然的に俺も吸うタイミングがない。このような時に吸っておこう。

俺が二口目を吸っている時、チャンピーが困り顔で戻ってきた。

「チャンピー、早すぎないか？」

「いや〜、ヤバいです。絶望的に汚くて腹が痛いのが止まりましたよ」

腹が痛いのに急に便意が止まることなどあるのかと思うかもしれないが、俺もケニアの田舎やブラジルの地方都市で同じような経験がある。突然激しい便意に襲われ、地元の人が使っているトイレに駆け込むと、それはとてもひどいもので、脳みそが危険信号を発するのか、収まってしまったことがある。

ちなみにチャンピーは海外経験が豊富で、ロシアに行く2ヵ月前にはネパールで7泊8日のトレッキングに参加しており、多少ヤバいトイレでも使える男なのだ。そのチャンピーの便意が収まるとは想像もしたくない。

昨日、訪れたフェリー・ターミナルが近かったことに気づき、俺たちは向かった。さすがにここのトイレは清潔でチャンピーは用を足すことができた。

「嵐さん、お待たせしました」

ひっそりとしたターミナルのベンチでチャンピーを待っていると、戻ってきたチャンピーが顔を紅潮させながら港を指差した。

「あれ！　嵐さん、あの船、見てください！」

俺が見ると、それは――北朝鮮の有名な貨客船『万景峰号』ではないか。昨日この場所を訪れた時、見たいけど無理だろうなと諦めていたのだ。チャンピーの腹痛のおかげで「ウン」よく見られたのだ。

興奮が収まらない俺たちは船に近づいてみるが、想像していたよりも小さい。万景峰号は全長約102メートル、全幅約14メートルで総トン数は約3317トン、定員は200名のようだ。看板に乗組員の男性や女性の姿がちらほら見える。こっちがカメラを向けても意に介する様子もなく平然としている。

白い船体には赤いハングル文字で『栄えある我が祖国　北朝鮮民主主義人民共和国　万歳』と書かれている。

停泊していた万景峰号

この船は1971年から約10年間、在日朝鮮人が北朝鮮と行き来するために日本と北朝鮮間を往来していた。老朽化のため、廃船寸前だったが、ロシアとの定期運航を始めるにあたって全面改修をして、2017年5月から運航を開始した。

俺とチャンピーはずっと船を眺めていたが、俺たち以外に観光客はおらず、すごく得をしたような気分になってしまう。万景峰号はこの後、港湾使用料の問題で2017年8月下旬に休止し、10月に貨物のみの航路として不定期の運航が再開した。

この文字を見たときは妙な興奮を覚えた

朝鮮レストランの女性スタッフ

ウラジオストックに『平壌』という名前の北朝鮮国営レストランがあるらしい。北朝鮮国営レストランとは、喜び組の2軍と言われている美人をウエイトレスにして、稼いだ外貨の何割かを国に納めるものである。チャンピーは過去にカンボジアのシェムリアップにある北朝鮮国営レストランに行ったことがあるが、店内はガラガラで客は自分だけだったという。

フェリー・ターミナルを出た俺たちはバスで『平壌』に向かった。バスでの移動中、俺はチャンピーにレストランでの過ごし方について注意した。

「こういう店では日本語が分かる人もいるし、誰が聞いているか分からないから変な話はするなよ」

「ちょっと気にしすぎじゃないですか?」

いまだに秘密警察の力が強いロシアでは警戒した方がいい。俺は気を付けるように注意した。

店内に入ると、入口は喫煙所になっているようで、中国人と思われる男たちが4、5人、タバコを吸っていた。

店内は空いていた。『喜び組2軍』のスタッフが6人ほどいるが、みな座ってテレビを観ている。テレビではディズニー・アニメが流れ、それとは別に店内には洋楽がかけられていた。北朝鮮とディズニーと洋楽。その自由さに驚かされる。スタッフの女性たちは英語とロシア語が最低限話せるようだ。

適当に朝鮮料理を頼み、ビールを注文する。店内には徐々に客が増えてきて、1時間後には満席になった。客層は地元のロシア人、東洋人、日本人ビジネスマンである。喜び組は特に愛嬌を振りまくわけでなく、それでいてツンツンとしている態度でもない。ごく普通に接客をしている。

このような店では支払いの時にクレジットカードを出したらスキミングされてとんで

もないことになると思っていたが、客のほとんどがカード払いで、チャンピーもカードを使ったが何も問題はなかったようだ。

喜び組2軍は清楚な美人である。ユッケがテーブルの上に置かれ、女性がかき混ぜてくれる。チャンピーが写真を撮っていいかと聞くと「写真はダメ」と断られる。

困ったことがあった。客の支払いが何組か重なったタイミングで新規の客が入ってきた。おまけに他の席の人も注文を始めた。そんな時に俺たちが追加注文をしようとしたら彼女たちはパニックになっているのか、まったくこっちにやって来ない。それは長い時間続いた。

彼女たちは一度に複数のことをできないようで、カードの支払いにかかりきりになり、店の動きが完全に止まっている。他のテーブルではロシア人の女性が「料理がこない」「こんなの頼んでいない」とクレームを入れている。俺もレストランで働いた経験があるが、

名物だけあって冷麺は美味しい

ここでは1人1人がマニュアル通りに動いているだけで融通や機転がまったく利いていないのだ。

しかし、料理はうまいし、独特の雰囲気を味わえたし、値段も高くはない（1人3300円だった）。俺は上機嫌になり、プーチンや北朝鮮についての話題をチャンピーに振り始める。

「嵐さん、声が大きすぎますよ」

「え、そうか。でも日本語だから大丈夫だろ？」

「レストランに入る前、嵐さんが僕になんて言ったか覚えていますか？」

思い出した。

「チャンピー、こういう店では政治的な話はするなよ」

チャンピーは呆れるように言う。

「嵐さん、いい加減すぎますよ」

「……」

坂道はウォータースライダー

街の中心に戻ってお洒落なバーに入る。店内には地元の若者や金持ちそうな人が多く、パソコンで作業をしている人の姿も見える。スタッフは英語を話すことができるしメニューにも英語が併記されている。俺とチャンピーはカクテルを注文した。音楽に合わせて踊っている若者を見ていると、格式ばったロシアのイメージが覆されていく。

店内のトイレに行って席に戻るとき、薄手のジャケットを着ている30代位の男と目が合った。ロシア人はシャイで向こうから話しかけてくることは少ない。俺は英語で「ウラジオストックの出身ですか？」と話しかけてみた。その男はフレンドリーに言う。

「ああ、そうです。あなたは中国人ですか？」

「日本人です」

「日本はイイ国だね。一度行ってみたいよ。ウラジオはどうです？」

「雨ばかりだったけど、好きになりましたよ」

「田舎でしょ。少しダサいよ。もう日本に帰るの？」

「サハリン、モスクワ、カリーニングラードを旅行しますよ」

「サハリン？　あんな何もないところに何しに行くの？」

「旅行です」

彼は苦笑いしながら言う。

「旅行？　君は変わっているね」

「モスクワはどうですか？」

「モスクワは行ったことがあるけどとてもデカいよ。この街とは大違いだよ」

そんな世間話をして席に戻った。

この街はサンフランシスコのように坂が多く、熱海を思い出してしまうような港があり、ロンドンのような霧がかかり、中国人観光客がやたらと多いという、かつて俺が行ったどの街にも当てはまらない面白いところだった。

バーを出ると凄い雨。ウラジオストックは坂が多いと書いた。そして排水溝が機能していないので、水がウォーター・スライダーのように高所から凄まじい勢いで流れてくる。突然、街中に川が生まれたかのような信じられない光景だ。

傘を差していても雨が吹き込んできてずぶ濡れになる。とても歩けないと思い、タクシーを探すがなかなか見つからない。大雨が降ると、毎回こうなるのだろう。もはや人が歩いてはいけないレベルではないか。水がジャージャーと街中を流れており、それを避けて歩いていくのは大変だ。

俺とチャンピーはおかしくなり、笑いながら坂道を進んでいった。

第2章

ロシアが実効支配を続ける『樺太（サハリン）』

樺太（サハリン）に行きたい

かつて日本にも陸続きの国境があったことを知っているだろうか？

1905年、日露戦争終結後のポーツマス条約によって、樺太は北緯50度線を境界にして南北に分割された。日本の領土であった南樺太と、ソ連が統治していた北樺太には国境が存在し、旅行会社が『国境を見に行くツアー』を催行していたのだ。

地理的に北海道のすぐ上、オホーツク海の南西部にある樺太。ロシアに実効支配されている現在は、ロシア連邦・サハリン州の島という位置付けになっている。

樺太の名前の由来だが、一説にはアイヌの言葉で「カムイ・カラ・プト・ヤ・モシリ」と、この島を呼んだことだという。その意味は「神が河口に造った島」だ。

現在ロシアが使っている『サハリン』という呼称は、清王朝時代のツングース系の満州語「サハリヤン・ウラ・アンガ・ハダ（※黒竜江河口の対岸の島）」の最初の文字からきている。

1945年8月まで、南樺太は日本の領土であり、北海道の稚内から船で行き来することができ、最盛期には日本人が40万人も住んでいたという。これほど興味が湧いてくる場所はないではないか。昔からぜひ行きたいと切望していたが、なかなかタイミングがなかなかった。

かつての日本の最北地を訪れ、そこで日本人が見てきた景色を見て、感じ、痕跡を見つけてみたい。そして、樺太の歴史はどうなっているのか、旅をしながらいろんなことを学んでいこう。

心情的に日本統治下の地名で表記したいが、混乱する人もいると思うので、現在、ロシア及び国際的に使用されている地名と併記する。

豊原（ユジノサハリンスク）に到着

ウラジオストック発の飛行機は、サハリン州の最大都市であるユジノサハリンスクを目指して出発した。最大都市といっても人口は20万8000人（2019年1月サハリン州国家統計委員会）で、樺太全体でも約49万人（2019年統計）しかいない。

ウラジオストックを発って1時間40分後に豊原に到着した。日本を出てから雨ばかりだったので、場所が変われば天気もよくなると期待していたが、またもや大雨である。到着早々テンションが下がってくる。荷物を受け取ろうとしたが、ターンテーブルの周りは狭く、更にモスクワからのフライトとも重なったようで凄い混雑だ。

荷物を受け取って外に出ると、空港の周りは水はけが悪く池のようになっており、その中にタクシーが沈んでいるように見える。ウラジオストックもそうだが、インフラの整備が充分ではない。街に向かうボロボロのバスが停まっていたので、それに乗り込んだ。

ここはカニ天国

バスは30分ほど走り、街の中心地でもあるかつての豊原駅、ユジノサハリンスク駅が見えたところで降りる。雨は小降りになっていて、そこから歩いてホテルにチェックインをした。

駅広場に面しているこのホテルは経済的な値段だ。トイレ、シャワー共同のツインルームは1人1泊2500円。事前の情報ではスタッフの態度が悪く、英語はまったく通じないとのことだったが、意外とフレンドリーで、フロントの女性は英語が堪能だった。

俺たちはチェックインする際、パスポートを渡した。普通、写真とビザが貼られているページをコピーしておしまいである。

だが、なにかがオカシイ。オカッパ頭の女性スタッフは一心不乱にさまざまなページのコピーを取り続けているのである。一体、どうなっているのだ。

他のロシア人宿泊客はＩＤカードを見せるだけで簡単にチェックインが終わっている。俺たちは既に15分以上、ロビーで待たされている。

「なんで、そんなにコピーを取っているのですか？」

「規則で、外国人旅行者のパスポートのページをすべてコピーしないといけないんです」

「ページをすべてコピー!?」

「そう、すべてです」

「あと、どのくらいかかりますか？」

「2人分だからかなりかかります。先に部屋に入って、後でパスポートを取りにきてください」

これまで世界中のいろいろなホテルに宿泊してきたが、こんなことは初めてだし、他の国の出入国スタンプやビザをコピーして何になるのか。この街で暮らす日本人女性に後日、このことを尋ねると、不思議そうに首をひねった。

「パスポートのコピーをホテルが取るのは義務のようだけど、すべてのページというのは聞いたことないわ」

ホテル側は何か勘違いしているのかもしれない。女性スタッフは更に言う。

「コピー代として1人150、2人で300ルーブル（約600円）をチェックアウトの時に請求します」

こんな意味のないことに金を払わされるのはごめんである。ちなみにチェックアウトの際にコピー代を請求されることはなかった。

俺たちは部屋に荷物を置いて出かけることにした。ロシアではパスポートを携帯する義務があるのでコピー中の女性に説明して一旦返してもらう。

雨は上がっているが肌寒い。俺たちは線路沿いを歩き、市場に向かった。

目的はカニである。樺太では網に勝手にかかるほどカニが獲れるらしいが、地元の人は食べる習慣がないため、かなり安く手に入ると聞いていたのだ。チャンピーは日本の100円ショップでカニ用スプーンを購入して持ってきている。

時刻は16時、市場の半分は閉まっている。中に入ると、朝鮮人の子孫や、中央アジア系の人たちが意外と多い。売られているものはキムチの素や、ラー油、カップ麺など。日本の商品も割高ではあるが何でも手に入るようだ。

一軒の店で花咲ガニを見つけた。約3000円である。かなり大きく日本ならば7000円以上はするだろう。

それを購入して線路沿いを歩く。あたりは薄暗くなり、地元の男たちが警戒するような眼差しを向けてくる。チャンピーは高級一眼レフを首からぶら下げている。彼なりに危険を感じたらバッグにしまおうと思っているようだ。すると25歳位の背の高い青年が英語で忠言してきた。

「あなたたち、このあたりは治安があまりよくないんだよ。ひったくりも多いし、あなたのカメラは危険だと思うからバッグにしまった方がいいよ」

俺の経験から、このような地元民からのアドバイスには従った方がいい。この青年はおそらくだが、この現場でひったくりを目撃している。あるいは、知人などが犯罪に巻き込まれたのを知っているのだろう。そうでなくては、外国人にわざわざ伝えないはずだ。

俺自身も治安が最悪とされるブラジルのサンパウロや、ケニアのナイロビなどで、不用心な恰好で宿から出ようとする旅人に注意をしたことが何度もある。俺はそれらの街の危険度を知っているし、人が犯罪に巻き込まれているのを実際に見ている。被害に遭う可能性が高いのに旅人に注意しないのは有り得ないと思って伝えたのだ。

「親切にありがとう」

俺たちは青年に礼を言い、チャンピーはカメラをバッグにしまった。

「旅を楽しんでね」

青年は足早に去っていった。

細い道を進むとそこには中国人がやっている市場があった。靴、服、雑貨などの日用品が売られている。全体的にマイナスのオーラが覆っていて、雰囲気は最悪だ。俺たちが日本人だと知ってフレンドリーになる者もいるが、中国語で日本の悪口を言ってくる者もいる。

「気分が悪いな、チャンピー、行こう」

俺たちはホテルに戻り、部屋でカニと総菜を食べることにした。ポットのお湯でカニを湯がいて食べたが、身が締まっていて美味しい。カニ好きな人にとっては天国かもしれない。

部屋の窓を開けると大量の燕が飛び回っている。これほどまで多くの燕を俺は見たことがない。なぜ、夏の樺太にこんなにいるのだろうか？ ちなみに、海を渡った直線距離わずか１９１キロ先の稚内では同時期、燕の姿は見られないと言うから不思議だ。チャンピーが言う。

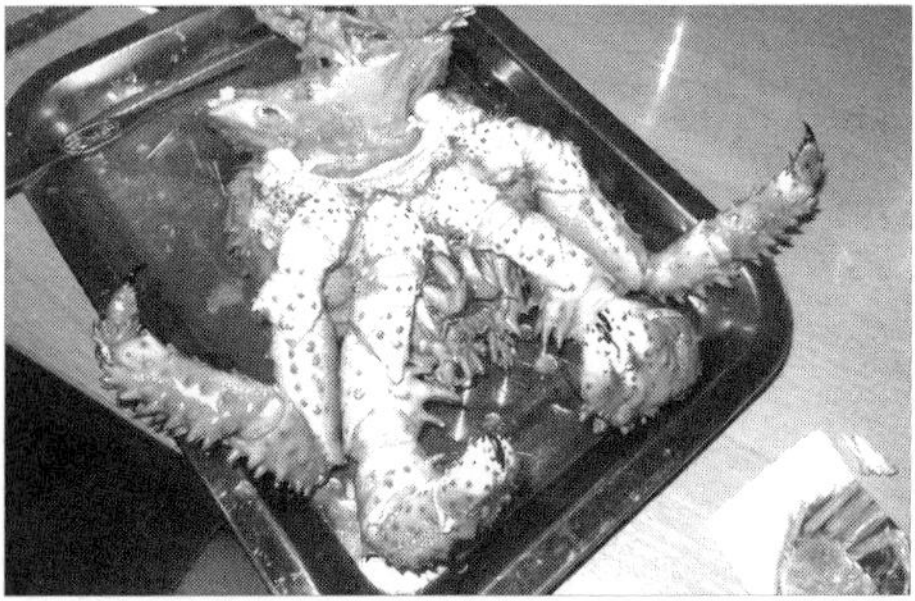
部屋で食べた花咲ガニ

「もしこの街にプロ野球チームがあったら豊原スワローズですね」

なかなかうまいこと言うなと思いながら俺はカニを口に入れた。

樺太（サハリン）の歴史

初めて樺太に進出したのは松前藩である。記録には1635年と残されている。この藩はアイヌ貿易などを独自にやっていて権益を独占したかった。そのため、早い段階からロシア帝国の蝦夷地の南下に気がついていたのだが、幕府への報告を怠った。松前藩に疑問を持った幕府は蝦夷地の統治権を1807年に取り上げた。

樺太は日本の領土だというのが幕府の認識だったが、ロシア帝国がこの地を狙っていた。「我が帝国のものだ」とやって来た数隻の軍艦をどうにか退散させたが、ロシアは軍事力を背景にプレッシャーをかけてくる。当時の日本とロシアの国力差を考えると幕府側の恐怖は相当なものだっただろう。

1867年には「樺太は日露両国の共同管理地である」という『樺太仮規則』をロシアは押し付けてきた。ロシア帝国は樺太を自国の流刑地と決め、囚人や役人を次々に送りこんできた。

明治時代になり、日本政府は粘り強く交渉を続けたが不調に終わる。1875年（明治8年）樺太千島交換条約を押し付けられ、事実上、ロシア帝国に樺太を奪われてしまった。

その後、日露戦争に勝利した日本は1905年に日露講和条約を結び、樺太の北緯50度以南が日本の領土に復帰した。

日本に復帰した樺太はロシア帝国の流刑地という地獄のような島から夢のある日本の開拓地に変貌した。政府が後押しして、漁業や製紙業などが著しく発展した。

日本領樺太の総面積は約3万6000平方キロメートルで、台湾とほぼ同じ面積だった。最盛期には人口40万人を超えた。現在のサハリン州全体の人口が50万人弱なので、この時代の発展ぶりがわかる。

第二次世界大戦後、樺太は日本から切り離されたが、国際機関でも南樺太の帰属が決まっていないにもかかわらず、ロシアが武力で不法占拠をしているのである。

終戦直前の1945年8月9日、ソ連軍は南樺太に日ソ中立条約を破って侵攻してきた。更にポツダム宣言受諾後にもソ連軍は侵攻を止めなかった。住民の被害は甚大で、4300人が亡くなり、財産は奪われ、大勢の人がシベリアの強制収容所に送られたのだ。

郷土史博物館で日本統治時代に触れる

朝、目が覚めると今までの雨が嘘だったかのように晴天で、雲ひとつ見えない。

巨大なレーニン像。ロシアでは至る所にある

ホテルの前はレーニン広場になっている。この広場は1970年に、レーニン生誕100周年を記念して造られた。レーニン像はかなり大きく、待ち合わせ場所や、観光客の写真スポットにもなっている。広場は市民の憩いの場所になっていて、噴水で遊ぶ子どもたちやベンチでくつろぐ人たちの姿がある。

俺たちはサハリン州立郷土誌博物館（旧樺太庁博物館）を目指して歩き始めた。気温は30度を超えているが、乾燥しているためか暑さをあまり感じない。通行人が少ない大通りを歩くのは爽快だ。観光シーズンのはずだが、ほとんど外国人観光客の姿はない。市民は俺たちのことをジロジロ見てくるわけでもなく、差別的な言動をすることもない。更に治安もよさそうである。たまにすれ違う女性は金髪でスタイルがよく、自然に目線が向かってしまう。

サハリン州立郷土博物館の前に柴犬を連れた年配の女性がいた。犬好きのチャンピーが犬を撫でる。女性は嬉しそうに言う。

「これ、日本の犬なのよ。私、日本が好きで、柴犬も好きで名前はジローよ」

サハリン州立郷土博物館は、日本統治時代には樺太庁博物館だった。外観は一瞬、城のようにも見え、見事に和洋折衷が成立している。建物の保存状態はよく、正面玄関には2体の狛犬が鎮座していて、庭には日本軍の戦車なども展示されている。

館内は興味深い。中でも、北緯50度線にあった国境標石と戦前の豊原市の地図に釘付けになった。現在、ユジノサハリンスク駅があった豊原駅の周りには、ホテル、旅館、おでん屋などが軒を連ねていた。豊原が発展していった様子と当時の日本人の生活が偲ばれる。

1945年の終戦から72年間は長い、長すぎる。ソ連が街を破壊して、新しい街を建設したが、面影がないのは寂しすぎるではないか。

ソ連時代には日本統治下を知る資料は一切展示されていなかったようだが、ソ連崩壊後は歴史の一部として公開されるようになった。地元のロシア人は日本統治時代を『日

博物館の外観はモダンである

本時代』と呼ぶ。ただし、残念ながらほとんどがロシア語の解説しかないのでなにが書いてあるのかはよくわからない。

展示物を見ていると、ふいに日本語が聞こえて振り向いた。ロシア人の女性ガイドが中年の太った日本人男性に解説をしていた。しかし、その男はこの街のことや、樺太の歴史には興味がないのか、話を聞いておらずにキョロキョロとしていて落ち着きがない。そういえば昨日、市場に向かう際、鉄道歴史博物館の前を通ったとき、しきりに写真を撮っていた男だ。サハリン鉄道に乗るために訪れる鉄道オタクの人もいると聞いていたので、そういう人かもしれない。

今はない樺太神社を訪ねる

俺たちは旧豊原公園、現在では宇宙飛行士の名から「ガガーリン記念文化公園」と名付けられている巨大な公園に入った。この公園は日本時代、多くの日本人の憩いの場であり、当時の数少ない写真にもその姿が収められている。博物館にあった豊原市の地図によると、園内には野球場もあったようだ。

公園には数十本の桜が植えられている。かつて貯水池として使用されていた王子ヶ池（現ヴェルフエネ湖）が見えた。この池の面積は約2万坪で王子製紙の寄付によって1936年に完成したらしい。池の周りは地元の家族連れで賑わっている。

ロシア国鉄が運営する子ども鉄道は池の周囲を13分かけて走っている。ビアガーデンがある他、売店も豊富で、中国、韓国、中央アジア系の東洋人の姿が多い。喉が渇けば韓国人のオバちゃんがやっている店で韓国製の缶コーヒーを買い、腹が減ったら中央アジアの人が経営するケバブを食う。

国境標石。どうやらレプリカらしい

公園を出た俺たちは樺太神社があった場所に向かう。旧鳥居前広場（栄光広場）の右手の広い道が神社の旧参道である。よく整備されている階段を上っていく。戦前の写真では大勢の日本人が参拝に行き、豊原を訪れる人は必ず足を運んだ歴史のある場所だ。
階段を登りきると広場がある。ロシア人の40歳位の夫婦が俺たちを奇妙なモノでも見るような目で睨んでいる。こっちの気分が悪くなるような露骨な態度で見てくるのである。

「ここはかつての日本の神聖な場所だぞ。あんな態度をされたら嫌になるよな」

俺が不満を口にすると、チャンピーはなだめるように言った。

「仕方ないですよ。あの人たちはここがどういうところだったのか、きっと知らないんですよ」

なんだか俺は無性に寂しくなった。

参道に連なる並木にはなんとなく日本的な雰囲気がある。日本時代には多くの日本人カップルが樺太神社で結婚式を挙げ、子どもをこの地で授かったであろう。しみじみと、そんなことを想像してしまう。

かつての王子ヶ池

若い人はウォッカを飲まない

翌日の昼、俺とチャンピーは、現地在住のノリコちゃんという女性とレーニン像の前で待ち合わせをしていた。ノリコちゃんはチャンピーの友人の元同僚で、その友人が紹介してくれたのだ。俺たちは簡単な挨拶をして、彼女がよく行くジョージア・レストランに入った。

ノリコちゃんはユジノサハリンスク（豊原）に仕事の関係で2年ほど住んでいる。プライバシー保護のため彼女の職業、年齢、出身地などは伏せておく。

俺もチャンピーも昼間から飲む気満々で、ノリコちゃんも酒が好きということでビール、ワイン、食事を注文した。

せっかくなので、いろいろと質問をぶつけてみた。

「樺太には日本人は何人住んでいるんですか？」

「邦人は80人あまり。商社や石油関係の人、その家族がほとんどです」

「そんなに少ないなら皆、顔見知りというか、仲が良いんじゃないですか？」

「確かに、人数が少ないからか皆、仲が良いわね。郊外の駐在員の家に遊びにいってバーベキューをしたり、休みの日はそんなことばかり」

しかしこの街には娯楽が少なく、寂しいと言う。早くここを去りたいようだ。ロシア人は取っ付きにくいところがあるが、基本的に優しく、困っていると助けてくれるようだ。

この街のインフラもあまりよくない

酒について質問したが、ロシアといえばウォッカというイメージがあるが、一般的にはビール、カクテル、ワインなどを飲んでいるという。ロシアの法律では22時以降、店での酒の販売は禁止で、それを破ると、重いペナルティを課せられるという。

「若い人はウォッカを飲まないんですか？」

チャンピーが聞いた。

「若者はウォッカは飲まないですね。そんなにアルコールが強いのは年配者しか飲まないですよ」

昨年、ロシアに編入されたクリミア共和国に行ってきたが、酒を飲んでいる人をあまり目にしなかった。アル中が社会問題になっているロシアだがアルコール度数が高いわりに価格が安いウォッカを飲む人が減れば、その問題も解決するかもしれない。だが、大きなスーパーに行けば、いろいろな種類のウォッカを目にするし、今は時代が変わっている最中なのだろう。

そういえば昨晩、チャンピーが1人でバーに飲みにいったとき、若い兵士たちが道端でウォッカを飲んでいたという。公共の場所での飲酒も違反だが、夜も遅く、人通りもない場所なので気にしていないのだろう。チャンピーは兵士たちとホテルの前でしばらく飲んでいたが、彼らは「なんでこんな街にきたんだ？」と尋ねてきた。

「観光だよ」

「俺たちはこんなつまらない街なんて出ていきたいのに、君は変わっているね」

チャンピーはそう言われたそうだ。観光客や外国人には見えないところでウォッカはかなり消費されているのだろう。

フランス・ワインを飲みながら「この街の治安はいいですか？」とノリコちゃんに尋ねる。

「治安はいいわよ。日本人の被害もほとんど聞いたことがないわ。あ、1人酔いつぶれてレーニン広場で寝ていたら財布を盗られた事件があったけど、そんな人は日本でも同じ目に遭うわね」

ビールを2杯ずつ飲み干し、ワインも2本目に入っていた。昼から飲む酒は気持ちがいい。ノリコちゃんは俺の過去に訪れた場所に興味を持ち、いつの間にか2人で盛り上がっていた。ふとチャンピーが会話に入ってこないなと思い、目をやると――寝ている。この男は酒が大好きなくせに弱いのだ。

チャンピーのメル友

「どこまで行くんだ？」

駅前に停まっているミニバスの中年男が日本語で話しかけてきた。

「なんで、あなたは日本語を喋れるの？」

思いもかけない場所で日本語を聞いたので反射的に返す。

彼は旧ソ連のアゼルバイジャン出身で、子どもの時分ということはソ連時代に強制移住させられて樺太にやってきた。乗り合いバスの運転手たちが集まってきたが、皆、彼と同じ出身か、中央アジアの国々から移住させられた人たちのようだ。

アレキサンダーと名乗るこの太めの男は愛想が良く、いいやつだった。新潟に自動車中古車販売の仕事で住んでいたらしく、東京にも一度行ったことがあるという。「東京は素晴らしい街だ」と褒め、写真を取り出して見せてくれる。

俺たちは彼が運転する大泊（コルサコフ）行きのミニバスに乗り込んだ。

大泊は人口約3万2860人（2014年）の樺太で3番目に大きな街で、1945年からソ連の軍港基地となり、外国人の立ち入りが一切禁止されていた。ソ連崩壊後は手続きを取れば訪問可能になり、稚内とのフェリーが開設され交流も活発化した。

1時間ほどで大泊に到着した。アレキサンダーと別れの挨拶をして歩き始めたが、中心地は閑散としていて、人気が少ない。正直、ここまで殺風景な街並みとは思わなかった。この街にもかつては大勢の日本人が住んでいたが、面影は感じられない。

チャンピーがバスに乗っている時からさかんにスマホをいじっていた。

「海外に来てまでスマホばっかり触ってんなよ」

俺が文句を言うと、チャンピーは答えた。

「実は英語のできる若いロシア女性とメル友なんですが、彼女は大泊に住んでいるんですよ。だから少し会えないかと思いまして」

俄然興味が湧いてくる。

「それで向こうからの返事は？」

「本当に来ているの？　ですって」

おそらく簡単にメル友になったのはいいが、会いたいわけではないのだろう。まさか本当にこんな僻地に来るとは思っていないだろうし、迷惑なのかもしれない。

「彼女は会う気がないいんじゃないの？」

「そうかもしれませんね。何しにこんな街に来るの？　と言っています」

樺太に住むロシア人は自虐的というか、「何しにこんな辺鄙な場所に来たんだ？」と言う人が多い気がする。観光で訪ねてくる人の気が知れないと思っているのか。

樺太に住む朝鮮人のルーツ

バスを降りて港に向かって歩き始めた。人はまばらで一軒の食料店に入ると大きなカニや魚が売られている。大きな毛ガニが450ルーブル（約900円）、小さなものになると300ルーブル（約600円）だ。やはり、樺太はカニ天国である。

露店では朝鮮人と思われる人たちが魚や野菜、キムチなどを売っていて男性は俺たちに笑顔で手を振ってくる。天気は快晴で平和そのものである。日本時代末期、この街が悲惨な状況に陥ったことなど、想像することもできない。

樺太には朝鮮人の姿が目立つが、彼らはなぜいるのだろうか？　彼らのルーツは3つに分けられる。

ロシア人メル友の答え

露店では多くの朝鮮人が働いている

1・戦前からの入植者や出稼ぎで来た人たち。出身地は朝鮮南部が多い

2・1946～7年に朝鮮北部からソ連によって労働力として家族で移住させられた者

3・中央アジアに移住したソ連系朝鮮族。彼らは先住朝鮮人や派遣労働者を管理したり、思想教育を施すために政府からの命でやってきた

現在、朝鮮系の人たちはロシア籍で、年配者を除き言葉もロシア語の方が堪能で考え方もロシア人に近いようだ。

港まで歩くが、古い団地群があるだけで人通りはない。港からは稚内行きのフェリーが出ているのだが、出発時刻ではないためか人気がまったくなく不気味でさえある。

大泊にはかつて駅があり、フェリー桟橋まで鉄道が通っていた。樺太に渡る日本人はここが玄関口であった。稚内よりも栄えていたので、やってきた人は「稚内よりも大きい」と驚き、それを聞くのが大泊住民の楽しみだったそうだ。街は当時、豊原に次ぐ人口約2・2万人を擁し、樺太で2番目に栄えていた。

1945年8月、ソ連軍が侵攻し、逃げ惑う日本人が大泊の港に殺到した。街のいたるところが避難民で埋もれた。トイレもないので臭気が漂い、恐怖から皆、錯乱状態になっていた。混乱が激しく、どの船に乗れるのかもわからない。やっと船に乗れたとしても魚雷などで沈没し、大勢の方が亡くなった。

港から街の中心地に戻って公園に向かう。朝鮮人が革ジャンなどを売っていて、俺たちにフレンドリーに話しかけてくる。同じ東洋人に親近感を抱いているのか、昔この街は日本人だらけだったので、好きなのかはわからない。

そういえば、この通りはたぶん大泊の銀座通りであったはずだ。昔の写真を辿ると、繁華街の栄町と銀座通りには店がたくさんあった。歩いている途中に丘が見えるが、ここはかつて『神楽丘』と言われたところで、神社や公園などがあったようだ。日本時代

大泊の街。さびれた田舎町のようだ

にここまで街を発展させてきたかと思うと感服する。ただ、現在はさびれた田舎町で活気は皆無である。仮に現在も日本統治下にあったとしたら、それなりに街は賑わい、観光地化されていただろう。

チャンピーはメル友の女性と相変わらずやりとりをしていた。せっかくだから俺もその女性に会いたいと思っていたのだが、相手は「今、友達と海で日光浴している」などと言って会う気はないようだ。チャンピーは悔しがっている。

喉も渇いたしトイレにも行きたかったので坂を登ったところにあるお洒落なカフェに入ってカプチーノを注文した。若者が坂の上からスケボーで下ってくる。そして家族連れなどが街の中心に歩いて向かっている。野良犬もたくさんいて、冬の寒い時期にはどうしているのだろうかと変な心配をしてしまう。歴史を知らない人をこの街に連れてきても、かつて日本人が大勢住んでいたことなど信じないだろうし、退屈な田舎町という感想しか持たないに違いない。

そろそろ豊原に戻りたくなってきた。チャンピーは相変わらずスマホを気にしている。

「女の子は会ってくれそうか？」

チャンピーが苦笑いしながら言う。

「既読なのに返信が来なくなりました。帰りましょう」

真岡（ホルムスク）の悲惨な歴史

真岡という地名はアイヌ語の「静かな場所」「川口が入江になっている海岸」の、それぞれ「マオカ」「マ、オカ」からとられている。

ホルムスクの由来はロシア語の『丘の町』だ。

真岡はかつて日本最北の不凍港とも呼ばれていた。対馬海流の暖流の影響もあり、意外と温暖な気候であった。

人口は当時約1万9000人で、タレントの、せんだみつお氏もこの街の出身だ。

真岡に到着すると曇天で肌寒い。帰りのバスチケットを購入して、さあ街を散策しよう。といっても当初、この街に来る予定はなく何も調べていなかった。チャンピーはそれを予想してかニヤニヤしながら「嵐さん、なにか予定あります？」と言ってくる。

俺が黙っているとチャンピーは胸を張った。

「どうせなにも調べていないでしょうから、僕に任せてください」

頼りになる男である。今日は親の後をついていく子どものようにやつを頼ろう。

真岡には『北のひめゆり事件』という悲しい歴史がある。

１９４５年8月20日。ソ連軍の艦砲射撃を受け上陸された後は、市民は無差別に殺戮された。真岡郵便局では女子交換員９名が「これが最後です。ソ連軍の靴音が聞こえてきます。さようなら、内地の皆さん、さようなら」と最後に発信し、青酸カリで自決したのだ。北海道・稚内の稚内公園には彼女たちの「九人の乙女の像」がある。

学校などに避難していた女性たちはソ連兵の暴行にあったり、建物などに放火された。真岡では４７７人の死者・行方不明者が出ている。警察官や憲兵は共産主義を弾圧したという理由で射殺されたり、シベリアに送られ、厳しい強制労働に服した。

廃墟

俺たちはバスターミナルの前にあるツヴェツカヤ通りというメインロードに沿って歩

いていく。日本時代、ここは「本町通り」と呼ばれ、当時の写真を見ると高級洋服屋や商店などが写っていて、とても同じ場所に立っているとは思えない。

バスターミナルの横に小さな市場があったので少し覗く。ここでも朝鮮人のオバちゃんが働いていて、カニ、イカ、魚やキムチ、日用品を売っている。

古い団地が立ち並んでいる

市場を出て道を歩きながら建物を見るが、非常に古いのが気になる。築何年かわからない団地群があり、中央部にある公園では壊れかけた遊具で子どもたちが遊んでいる。このあたりの印象は、貧しい田舎町である。

俺たちが脇道を抜けると、巨大な廃墟が目に入った。この廃墟は旧王子製紙・真岡工場の跡地で、樺太にはこの会社の工場がたくさんあった。近づいてみると、この巨大建造物は朽ち果て、中に幽霊でもいるのではないかと思わせる不気味さがある。敷地内にはバスやトラックなどが停まっている。どうやら駐車場になっ

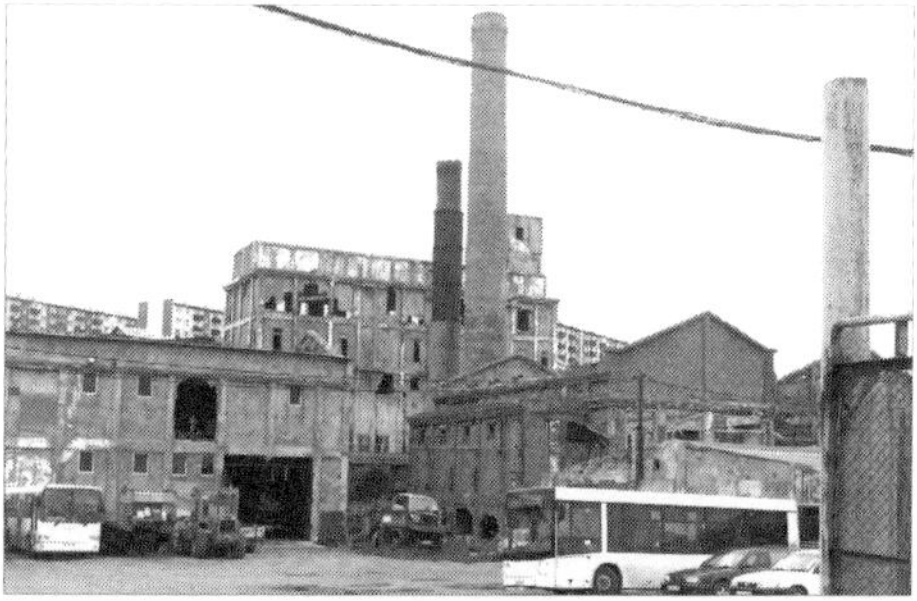

工場の入り口

ているようだ。

管理人小屋に座っているオヤジにチャンピーが「中に入ってもいいですか?」と覚えたてのロシア語で尋ねると、「いいよ」と笑顔で入口まで案内してくれる。

戦後、ここはホルムスクパルプ製紙工場として利用され、トイレットペーパーやノートなどを生産し、最盛期の1980年代は従業員が2500人を数えるまでになった。しかし、1992年の工場火災によって設備の大半を損失し、1993年に生産を中止している。

廃墟前の空き地には中古車が何台も置かれて修理されるのを待っている。現在は自動車整備工場として使われているようだ。

建物の中はガラスや瓶、缶、紙、鉄など、あらゆるものが散乱していて危険である。サンダルなどでは危険なので絶対に入らない方が賢明だ。俺たちは探検隊のように進んでいく。建物を見上げると、かなり高い。上階に伸びる階段はないし、危険で行けないと判断したのだが、チャンピーが意外そうな声を上げる。

「なんですか、あいつら？」

建物の一番上を見ると地元の少年たちと思われる3人組が下界を気持ちよさそうに眺めている。彼らは一体、どうやって上まで行ったのか。ロシアでは高いところに登って映像を撮り、YouTubeなどにアップすることが流行っているようだが、彼らもそのような遊びをしているのかもしれない。

日本時代の痕跡を探したかったが、お菓子、飲み物のゴミばかりで、残っていない。しかし、このような廃墟は歴史があるし、博物館にでもして観光資源にすればいいと思う。俺たちは足元に注意しながら廃墟を後にした。

どうやって上まで登ったのか？　危ないぞ

銀河鉄道に乗る

1907年に日本政府は樺太の開拓を本格的にス

タートさせたが、その皮切りの事業の1つが鉄道だった。俺は今までにヨーロッパ、ケニア、ベトナム、タイ、マレーシアなどで寝台列車に乗ったことがある。そこでは地元の人との交流があり、現地食を食べ、ノンビリと景色を眺めながら移動し、どれもイイ思い出であった。せっかく樺太まで来たのだからサハリン鉄道の寝台列車にもぜひ乗ってみたい。

俺たちはサハリン鉄道でユジノサハリンスク駅からノグリキという街に移動することにした。昔はその先のオハという街まで鉄道が通っていたのだが、現在は廃線になったようだ。ノグリキは特に観光する場所がない田舎街のようだが、チャンピーは海外で寝台列車に乗ったことがないので楽しみにしている。

列車の出発時間は22時42分。

駅の入口にはセキュリティ・チェックがあり、やる気のなさそうな係員が簡単な検査をしている。俺たちはロシアの寝台列車といえば酒だとばかりに、ビール、ウォッカ、ツマミなどを買い込んでいた。構内には兵士が常駐しているが、緊張感はなく、皆くつろいだ様子だ。

出発予定時間を過ぎた23時過ぎにロシア語のアナウンスが響き渡り、ホームに移動する。俺たちが乗り込む三等車のドアの前には30歳位の鉄仮面みたいに表情を変えないソ連時代を彷彿とさせる女性が立っている。そこでパスポートとチケットのチェックが行われる。

チケットを返してもらえると思ったのだが、そのまま預かりになった。これではキリル文字と数字で書かれている座席番号をチェックできないし、人に見せて聞くこともできない。俺が返してほしいと交渉しているとチャンピーが言う。

「僕、座席番号を覚えていますよ」

車内に入ると意外と狭かった。通路の片側に向かい合わせで二段ベッドが2つ並び、4寝台。反対側には二段ベッドが1つある。毛布、シーツ、枕カバー、タオルなどの備品もあって快適である。

俺たちの向かいの席には5歳位の男の子とその母親、そしておそらく男の子のお祖母ちゃんと思われる年配の女性の3人がいた。椅子の下には荷物を入れられるようになっている。リュックなどをしまい、シーツを敷き、チャンピーはパジャマに着替え始めた。車内にはロシアン・ポップスがうるさい位に流れている。

列車が出発するとチャンピーは動画を撮り始め、俺は袋からビールとウォッカを取り出した。他の乗客はどうしているかと見ると寝巻きに着替えたり、軽食を食べたり、ベッドメイキングをしている。

ロシアの列車といえば乗客は酒を飲んでいるものと思っていたが、そんな人は誰もいない。これが東南アジアならば地元の人がフレンドリーに話しかけてきそうなものだが、乗客たちは他人に無関心のようで、むしろ俺たちのことを避けているようにも感じる。

かつて、詩人で童話作家の宮沢賢治がサハリン鉄道に乗り、『銀河鉄道の夜』の着想を得たとされている。酒を飲みながらそんな話をチャンピーにしていると、俺たちの担当車掌の『鉄仮面女』がやって来て、先程回収したチケットを返してくれる。すると、彼女は俺たちに向かって怒鳴り声を上げた。

「酒は車内では禁止だから飲むな！」

え、マジかよ。俺たちはサハリン鉄道の車内で酒を飲むのを楽しみにしていたのである。仕方ないので飲みかけのビールを隠した。その後、俺たちの座席にやってきた小学生ぐらいの娘と年配の女性が俺たちに身振りで何かを伝えようとしてくるが、ロシア語なので皆目わからない。彼女たちは諦めたようで、俺たちも気にせずにくつろいでいた。

そして再び『鉄仮面女』が通路を通った。すると、女の子と年配女性が『鉄仮面女』になにかを訴えている。周囲の人たちの視線が俺たちに集まる。一体なんなんだ？

『鉄仮面女』は俺たちにロシア語で何か言ってくるがわからない。パスポートとチケットを見せろと言われたので渡すと、彼女は再び声を荒げた。

「あなたたちはこの席じゃない！　間違っている」

「…………」

チャンピーは座席番号を覚えていると言ったが、それは車両番号かなにか他の番号だった。俺たちは疑いもなく席に陣取ったが、ここではなかったのだ。ロシアの田舎の人は外国人慣れしていないので、はっきりと最初にそのことを伝えられなかったのだろう。

俺とチャンピーは唖然とした。最悪だ。周りの人は笑っている。

とりあえず、俺たちは迷惑をかけた彼女たちに謝り、チャンピーは子どもにお菓子をあげた。そんなことをしても娘と年配女性はムスッとしたままだ。先進国や南米の人たちのように、相手を気遣い、「別に気にしなくていいよ」といった態度をしてくれないので惨め極まりない気持ちになる。セッティングしたシーツや枕カバーをはずし、そのまま3つ先の席に移動することになった。

俺は恥ずかしさから頭に血が上り、喉が激しく渇いてきた。とにかく落ち着こう。空気の悪い車内で深呼吸をして、チャンピーと力を合わせて就寝用の準備をしようと思った。

椅子の下にリュックを入れようとしたら、電灯が消えて暗くなった。何も見えなくなると同時に悲しくなった。なんでこうなるのだ。泣きそうになる。その時、灯りがともった。チャンピーがスマホのライトで照らしてくれたのだ。これほど嬉しいことはない。

ベッドメイキングを終え、ようやく準備が完了だ。激しい喉の渇きで俺は先程の残りのビールを一気に飲み干した。

ノグリキ

朝、眠い目をこすりながら起床した。駅に到着したらしく、大勢の乗客が降車している。どうやらノグリキの1つ手前の駅らしい。列車が駅を発つと車内はガラガラになり、さっきまで人が寝ていた空っぽのベッドが目についた。

車内の様子。寝ているのは俺

ノグリキ駅に到着し、俺たちは駅に降り立った。ちなみに、日本統治時代、北樺太に位置するノグリキはソ連領だった。一歩外に出ると肌寒いのに驚く。10度位しかないのかもしれない。今は7月の終わりで、出発地の豊原は25度はあったはずだ。

駅前の広場ではオハまでのバスが待機している。かつてオハは、サハリン鉄道の終着駅だったが、廃線になった今はここからバスを利用しなければならない。

さて、これから宿を探さないといけない。白タクのドライバーなどが声をかけてきてもよさそうだが、それもない。ずいぶんとノンビリしているものだ。事前になにも調べていないのでしばらく広場に立ち尽くしていた。俺の予想ではドライバーや安宿の人が話しかけてきて、それに付いていけばいいと安易に考えていたのだ。

白タクの男が『TAXI』と表示されたボードを助手席に戻して発とうとしていたので、俺は彼を呼び止めた。安宿を聞いてみるが知らないようなので、ガイドブックにも載っているノグリキ・ホテルに連れていってもらうことにした。

10分もしないうちにホテルに到着したが、受付の30歳位の女性は英語がダメで、かなり不愛想である。ホテルのスタッフが外国人にこんな態度でいいのかと思ってしまうが、これぞ思い描いていたロシアという気もする。

この街はサハリン鉄道の終点だからたまに外国人やマニアックなツアー旅行の客も宿泊するはずだが英語表記は一切なく、1泊4000円も取るのに朝食さえ付いていない。だが、部屋に入ると綺麗だし、何も問題はなかった。

早朝の駅

木造の家が多い

部屋に荷物を置き、街を歩こうすると雨が降ってきた。気温は下がり、薄手のダウンジャケットを着る。建物の一角に温度計があり、13度を示している。風もあってかなり寒く感じる。

ノグリキの街は石油、天然ガス事業の中心地となっているようだが、それならばもっと栄えていてもよさそうだ。だが非常に素朴な田舎町で、人も謙虚で大人しい。街の中心を通るソビエト通りを歩いてみるが、特に目を引くものがあるわけではない。

オリンピックという名のスーパーを見つけたので入ってみることにする。この国の特徴だが、レストラン、カフェ、スーパーなどは、外からは店内が見えないので入ってみないと、どのような形態の店かわからない。

中に入ると、右手にお洒落なレストランが併設されていた。これは嬉しい。席に着くと美人ウエイトレスがやってきて英語を話してきた。このレストランは若くて可愛いスタッフが多いので田舎の人にとっては憧れの職場なのかもしれない。Wi-Fiも使えるし、スパゲティ、サラダは美味しいし、ビールは最高であった。

時刻は14時過ぎ。雨は激しく降っているし、体は疲れている。今日はスーパーで買い物をして部屋で休むことにした。

スーパーの中に入ってみるが、ビールとウォッカが充実している。変わった名前のお菓子が売られていたので写真を撮ろうとしたら、またもやスタッフのオバちゃんに怒られる。写真を撮ってはいけないようだが、ウラジオストックでチャンピーが怒られたように烈火のごとく罵声を浴びせてきたのだ。

何を言っているかわからないが、「悪かった」というジェスチャーを俺は繰り返した。オバちゃんは気がすんだのかどこかに行ってしまったが、それにしてもロシアのオバちゃんの導火線はどこにあるかわからない。

ハエと戦う俺

ホテルに戻ってシャワーを浴び、昼寝をして、酒を飲む。ネットが繋がらないので本を読み、テレビを観て——暇である。バルコニーに出ると雨が降っていて寒い。人がほとんど歩いていないし、静寂が気持ち悪いくらいだ。

22時。1匹のハエが部屋に侵入。こんなに寒いのにハエがいるものなのか。最初は気にも留めなかったがチャンピーがしばきにかかった。だが動体視力が発達しているハエにとって人間の動きなどスローに見えるのだろう、爺さんがプロボクサーにパンチを避けられるような感じである。

そのうちハエは俺の周りを飛び始め、俺はイラつき始める。室内は暖かいのでパンツにTシャツという姿だ。外に逃げたいけど出られないんだと思い「チャンピー、生き物を殺すのはよくない。逃がそう」と言って窓を開けるが寒くなるだけでハエは外に出ていかない。

仕方ないので窓を閉めてハエを無視していたが、俺たちを挑発するかのように、周りを飛びまわる。イライラした俺は本を持ち、殺そうと思った。だが、追いかけ回すものの、まったく当たらない。

「チャンピー、今度旅する時、キンチョール持ってきたほうがいいね。小さい携帯用のってあるのかね?」

「どうですかね。見た記憶がないです」

俺はハエをシバキにかかるが空振りばかりでストレスが溜まる。そんなことが10分近く続き、俺の息も荒くなってきた。

「ククク……クク……ガハハ、ククク」

なんだと思ってチャンピーの方を見ると、俺がパンツ姿で必死にハエを追っている姿を見てツボに入ったようだ。

「なに笑っているんだよ！」

「僕、昔から嵐さんの本を読み、ポッドキャストも聴いて憧れの人だったんですよ。その人が……ククク、こんな姿で、こんな必死にハエをプッハハッハ」

どうやら相当、滑稽な姿だったようである。

ノグリキで学ぶ少数民族の歴史

翌日、部屋でゆっくりしてから街を歩くことにした。寝台列車の出発時刻は20時50分。時間はたくさんある。いや、ありすぎだろ。

ノグリキからユジノサハリンスクまでの列車は1日2本。16時過ぎにも急行があるらしいが、ノグリキ滞在時間を少しでも長くしたいと考えていたチャンピーが遅い時間帯のチケットを手配したのだ。だが、この田舎町で夜まで過ごすのは退屈である。俺は16

時過ぎの列車で帰りたかった。

俺たちはソビエト通りを歩いて郷土博物館に向かう。空地ばかりが目立ち、ハングル語で書かれたレストランもある。スーパーではキムチや韓国製カップ麺も当たり前のように売られているし、不思議な感じがする。

到着した郷土博物館は小さかった。中に入ると誰もいない。やっていないのだろうか。しばらくすると30代後半ぐらいの男が出てきたのだが、どうやら彼がスタッフのようである。名前がわからないので勝手にパトリックにしよう。

彼は愛想がよく、最低限の英語を話すことができる。こんな小さな博物館に客なんて来るのだろうかと思っていたら、若いロシア人女性と中年のロシア人女性がやってきた。若い女性はいきなり英語で話しかけてきた。日本から来たと言うと「ようこそロシアに」と言ってくれる。彼女の英語は大学で学んだそうだ。

博物館の見学をしたが、なぜかパトリックが俺たちを専属で案内してくれる。後にその理由は判明するが、一室しかない展示室には、少数民族の歴史を説明する展示物と樺太に生息する野生動物や海獣などの剥製がある。

樺太にはロシア人や日本人がやってくる以前から少数民族が暮らしていた。それらの民族のことを少しだけ説明したい。

アイヌ民族――東北最北部を含む北海道や樺太、千島列島に住んでいたアイヌ人は他に近い言語が見られないアイヌ語を使用していた。「アイヌ」とは、アイヌ語で「人間」を意味する。外見の特徴は鼻の凹凸が強く、目の周りの窪みがはっきりしていて大きく、彫りが深くて顔が濃い。

街の中心地

彼らは近隣集団と交易、交流もしていた。北海道に居住したアイヌの集団の一部が樺太にやってきて、それは13世紀に遡るとも考えられている。5世紀にわたってアイヌ人は樺太南部を中心に定住し、他の民族と接触して影響を受けた。

調べてみると日本人の遺伝的な系統は、アイヌの人と琉球の人が縄文人タイプで、本州に住む人たちは縄文人と弥生系渡来人の混血のようなことが東京大学などの研究でわかったようだ。

ウィルタ――シベリアや極東に住む諸民族のツングース系で樺太中部や北部に居住していた。ウィルタとは『飼いトナカイと共に生活する人』の意味で、アイヌではオロッコと呼ばれていて、トナカイを飼育していながらサケ漁や海獣狩猟、植物採集をしていた。

第二次世界大戦の後半、ウィルタの身体能力の高さに目をつけた日本の特務機関は、ソ連軍への諜報活動を行なわせるため、1942年に彼らを召集し、スパイとして活動させた。終戦後、日本軍に協力した罪でシベリアに送られたりした。

ニブフ――かつてはギリヤークと呼ばれたニブフの意味はこれまた「人間」である。彼らはモンゴロイド系で、20世紀末の人口は約4600人。日常の食料は主にカラフトマスやシロザケなどの魚類である。魚に恵まれていた彼らは多くの犬を飼育できた。

俺たちはパトリックから少数民族の説明を受け、写真や展示物を見る。剥製があったので適当に写真を撮っていたら先住民族の服を貸すから写真を撮れと言う。料金は100ルーブル（約200円）らしいが説明してくれたお礼もあるし、俺は了承した。そして嬉しそうな顔で記念撮影。なんでこうなるのだ。

ウォッカ飲みの生き残り

博物館を出て歩いていたら、いつの間にか昨日入ったオリンピックに着いてしまった。暇なときは酒でも飲むしかない。俺たちはビールを飲んで、ポッドキャストの収録や、くだらない話で盛り上がった。

とにかくやることがない。川に行っても汚いし、舗装されていない道は雨でぬかるんでぐちゃぐちゃだ。もう駅に行って出発までの時間を潰すしかない。

駅に着いたのは16時前。出発は20時50分なのでかなり待たなければならない。こんな時に2人でいられることは嬉しいものだ。チャンピーが買い出しに行く時も俺が荷物番をしていればいいし、トイレもゆっくり行くことができる。

暇なので酒でも飲みたいが駅舎内は飲酒厳禁。ロシアの駅は酒を飲んでいる人ばかりだと思っていたのだが意外だ。すると労働者風の若い男が紙袋に中に口を入れてなにか飲んでいる。瓶の口が見えたがウォッカのようだ。いたいた。ウォッカを飲む若者は現在少ないと聞いていたが、〝生き残り〟を見たということか。ロシア＝ウォッカと思っていたし、この男の姿を目撃して嬉しくもあった。

どうしてこんなに酒に厳しくなったのか。30年以上前から飲酒はロシアの社会問題になっていた。安くてアルコール度数の高いウォッカが安易に手に入ることで、人々の健康は損なわれ、労働規律はなくなっていた。

1985年にゴルバチョフが政権に就いた頃、飲酒の弊害は放置できないところまできており、彼はペレストロイカ（構造改革）、グラスノスチ（情報公開）と同時に節酒令を打ち出した。節酒令は禁酒令ではない。アル中があまりにも多く、仕方がないことなのだろう。酒の販売を制限したり、マスコミや政府が反アルコールキャンペーンを展開した。

当時、こんな小咄があった。

工場長が不倫中の秘書に向かって言った。
「ねえ君、そろそろドアを閉めた方がいいんじゃないか」
「だめです、工場長。ウォトカを飲んでいると思われちゃいますから」と秘書は答えた。
（名越健郎訳『独裁者たちへ!!』）

第3章
ロシアの飛び地
『カリーニングラード』

9 時間の時差

ロシアに『飛び地』があるらしい。そんな話を聞いたのが5、6年前である。『飛び地』とは、俺がよく使用するｇｏｏ辞書には次のように記載されている。「ある行政区画に属しながら、主地域から離れて他の区域内にある土地」つまり、ロシア本土から離れた場所にある『ロシアの領土』なのである。そんな場所があると知ったら足を運んでみるしかないではないか。

かつて俺は一度だけ『飛び地』に行ったことがある。そこはモロッコ国内にあるスペイン領・メリリャだ。国境を越えると景色は一変した。通貨はモロッコのものからユーロに変わり、モロッコでは自由に飲めなかった酒をバーで飲むことができ、女性も開放的なミニスカートをはいていた。そしてモロッコ人が大勢住んでいることを知った。これといった観光地はなく短時間の滞在だったが、非常に有意義な訪問であった。

カリーニングラードと聞いてその場所がどこにあるか、地図を見て答えられる人は少ないはずだ。周りにはバルト3国やポーランドがあるし、ゴチャゴチャしていてわかりにくい。

カリーニングラードはバルト海に接している湾岸都市で、人口は約42万人。ポーランドとリトアニアに挟まれており、琥珀の産地として知られている。

なぜこんな場所にロシアの飛び地があるのかを簡単に説明すると、旧ソ連が第二次世界大戦の勝利で、ナチス・ドイツから『戦利品』として奪い取ったのだ。そして重要な不凍港としてバルト艦隊の拠点となり、造船業が発達した。この時代もロシアの飛び地だったがソビエト連邦という枠内に入っているため、実質的に同一の国だと言っていいだろう。ところがソ連が崩壊し、バルト三国が独立をしたために、そこだけロシア領として残ってしまったのだ。

こんなことを調べているうちに行くのが楽しみになりウキウキしてきた。

俺とチャンピーはユジノサハリンスクからモスクワまで10時間のフライトを耐え、乗り換えて1時間半でカリーニングラードに到着した。俺たちに激しい疲れが襲い掛かってきた。ユジノサハリンスクとモスクワの時差が8時間、カリーニングラードは更に1時間違うため、昨日いた場所から9時間もの時差があるのだ。

到着したのは昨日までならば寝ている時間。おまけにフライトも長く、サハリン鉄道でユジノサハリンスクに戻った翌日の出発だし、ふらふらである。若いチャンピーもかなりまいっているようだ。

空港に到着して荷物を待っていると、若い係員2人に囲まれた。態度は横柄である。「パスポート」と言ってきたので渡すと、ロシア語で何か言ってくる。俺が「英語で話して」と言うと、2人のうち1人は少しできるようだ。ちょっと待て。空港のセキュリティは世界中からの怪しい来訪者をチェックしないといけないはずである。これでいいのか。

急に俺はデジャブのようにイスラエル入国時を思い出してしまう。飛行機のタラップを降りるとサングラスをかけた背の高い男が、大勢の乗客の中から唯一の東洋人である俺を呼び止め、質問攻めをしてきた。そいつは、とんでもなく横柄で失礼な態度だった。荷物を受け取る時も、2人の係員が侮辱するような質問攻めをしてきて憤慨したことがある。ここもそうだろうか。そして質問が始まる。

「何しにきた?」

「観光だよ」

「観光、ここにか?」

「悪いのか? 来てみたかったんだよ」

周りを見ると俺だけ、おそらく『東洋人だから』それだけの理由で尋問である。こんなことは何度も経験しているが、体が疲れていることもあって、イライラしてくる。

俺は英語が得意でない人によく使う作戦で臨むことにした。あえて早口で聞き取りにくい英語を話すのである。つまりネイティブや英語が堪能な人には「この男は英語が下手で早口だし、なにを言っているのかよくわからない」と思わせ、目の前にいる男ぐらいの英語力の人には「早口すぎてわからない。悪そうな人じゃないし、関わりたくない」と思わせて解放させるのだ。

男2人は面倒くさそうな表情を浮かべ「もう行っていい」と偉そうに言う。作戦がうまくいったはずなのに、なんだか頭にくるな。

そんなことをしているうちにチャンピーは俺の荷物も取って待っていてくれた。

「嵐さん、捕まっていましたね」

「頭にくるね。東洋人だからとりあえず尋問だというのは腹が立つし、偉そうに言ってくるのも許せん。あ、チャンピーも捕まったの?」

「はい、僕の場合、やはり周りの人に目もくれずにパスポートの提示を求められましたが、見せて観光だと言ったらすぐに釈放されました。嵐さんがしつこく尋問されているのを見ていてなんか面白かったです」

こいつ、性格が悪いかもしれん……。

博物館の入口は地下に続いている

地下壕博物館

空港を出ると白タクの男たちが声をかけてきた。彼らを無視してタクシー・カウンターでチケットを購入して街に向かう。

体は疲れ切り、時差ぼけで頭がボケーっとしてくる。車内から窓の外を見ると、ソ連的な団地などが目に入るが近代的な建物も多く、あまりゴミゴミしていない綺麗な街という印象だ。ここは地理的にEU圏内であり、西側の影響力が大きいのだろう。ロシア、ソ連的な雰囲気は薄い。他の街では歩きタバコをする人を見かけたが、この街では皆無だ。

カリーニングラードは1990年初頭まで、外国人の立ち入りが禁止された秘密都市だった。20年以上経った現在も軍事関係者やその家族が大勢暮らしているようだが、そんな雰囲気は微塵も感じられない。

ホテルに着いたのが16時。部屋に荷物を置いて俺たちは、ぜひとも行きたいと思っていた「地下壕博物館」に向かった。博物館が閉まってしまうので急がなければならない。場所はメインロードから少し奥に入ったところにある。

この博物館はロシア国内、ベラルーシ、ポーランド、ドイツなどからの観光客に人気のある、地下にある防空壕跡である。第二次世界大戦の時、ナチス・ドイツがケーニヒスベルク攻防戦の際にこの地下壕を本部として使用した。

館内は非常に狭い

中に入ると非常に蒸し暑い。地下壕は長さが約7メートル、幅が約42メートルあり、コンクリートで固められている。入場料を払って見学をするが、狭いスペースに客がいるので非常に見学がしにくい。

戦時中のカリーニングラードの写真やジオラマが展示されていて、この戦争に興味ある人にはたまらないであろう。注目すべきは14号室らしい。

1945年4月9日、ドイツ司令官オットー・ラッシュがこの部屋で降伏を決意し、ケーニヒスベルクが陥落した。この部屋は当時のままに再現されていて、戦時中の緊迫感が伝わってくる。

帰ってこないチャンピー

博物館を出た俺たちは部屋に戻ってシャワー、洗濯などをすませて21時にはベッドに入った。時差が9時間もあるので体が重い。それに明日しか観光する日はないのでしっかり休息したい。俺もチャンピーもそのまま眠りに落ちた。

その2時間後、なにかゴソゴソしている。ふと見るとチャンピーが――変な想像をしないでほしい。やつは外出用の服に着替えていたのだ。

「どこに行く?」

「いや、疲れているんですが今夜は金曜日だし、飲みにいきたいんですよ」

それにしても元気である。考えてみればやつはまだ28歳なのだ。

朝方4時頃、トイレに行きたくなり目が覚めた。時差ぼけで熟睡できていないようだ。あれ、チャンピーがいない。やつが部屋を出たのが23時半ぐらい。友人もいない土地勘もない場所でこんな時間まで帰ってこない。これは心配である。なにか事件に巻き込まれたか、警察の厄介になっているかもしれない。旅は自己責任で夜遊びも自由なのだが、無理矢理にでも止めればよかったと後悔する。連絡をしようかと考えるがPCを起動するのが面倒だ。そんなことを考えながら再び俺は寝てしまった。

気が付くと朝7時半になっていた。チャンピーは隣のベッドでイビキをかいて寝ている。俺が起きるとチャンピーも目を覚ました。

「チャンピーあまりにも遅いから心配したぞ」

「すいません。飲みにいったバーで若者に『何しにこんな何もないカリーニングラードにきたんだよ』と聞かれて『観光だよ』と答えたらいろんな人が集まってきて、なぜか仲良くなって、そいつらと違う店に行って朝方まで遊んでいました」

そう言うと、やつは再び眠りについた。

ヨーロッパ一醜い建物

「今日は別行動にするか？」

俺はチャンピーに提案した。

「そうですね。僕、海を見たいんでバスでビーチまで行きます。晩飯の時間に待ち合わせしましょう」

ソ連時代を彷彿とさせる
カリーニングラード・ホテル

俺は1人で街を歩き始める。土曜の午前中なので人は少ない。ホテルの近くには２０１８年のロシア・ワールドカップで会場に使われたスタジアムがあるが意外と古くて小さい。

道の前方から朝まで飲んでベロベロ状態の男女4人の若者がやってきた。周囲に人はいないし、東洋人が珍しい場所なので絡まれるのではないかと思ったがそんなことはなく、彼らは楽しそうにはしゃいでいる。昨夜飲みにいったチャンピーも楽しく過ごしたようだし、治安は比較的よさそうである。

バルト海の港街であるカリーニングラードは、プロイセン王国建国の地であるケーニヒスベルクとしての歴史があるが、ロシアの飛び地となった現在ではＥＵの国々に囲まれて孤立している。

ケーニヒスベルクは１２５５年、ドイツ騎士団によって建設され、ハンザ同盟に所属する貿易都市になる。ちなみにハンザ同盟とは百科事典マイペディアによると次のように記されている。

「13世紀から17世紀にかけて北海・バルト海沿岸に成立した中世ドイツの都市同盟」

その後、ポーランド王国やプロイセン公国に従属し、1701年ブランデンブルク選帝侯フリードリヒ3世はケーニヒスベルクで即位をしてプロイセン王国が誕生した。ちなみにこの時期、ケーニヒスベルク大学を中心にカントらの学者を輩出した。19世紀になるとプロイセン王国を中心にドイツ帝国が形成されてその一部となった。

これがソビエトの家。個性的な外観ではある

カリーニングラード・ホテルの前の道を曲がると、驚くほどセンスのないソ連式の建物に目が留まった。時代遅れの建物がこんな場所にあるとは。これは「ソビエトの家」という、ソ連時代の1975年に建設された21階建ての建築物である。

かつてこの場所には、美しいと評判のケーニヒスベルクの城壁があった。レンガ造りの中世城塞はソ連によってほぼすべて破壊され、その跡地に当時流行っていたスタイルの建物を建てたのだ。建設当時はカリーニングラードのランドマークになる予定だったが、今は廃墟のようになっていて『ヨーロッパ一醜い建物』とまで言われてしまっている。

第二次世界大戦後、城は修復可能だったそうだがソ連政府はダイナマイトで爆破した。ナチス・ドイツや欧米に対して「異国の歴史建造物は後に残さずに破壊する」というメッセージを伝えたかったのかもしれないが、歴史ある美しい城を現在も残していたら世界遺産になっていただろうし、とんでもない間違いだっただろう。目の前の『ヨーロッパ一醜い建物』を見て俺は小さなため息をついた。

プーチンの前妻の出身地

散策を続けていると大きな公園が見えたので入ってみる。現地に住んでいると思われる中国人の親子が飼い犬を遊歩道で散歩させていて、池ではおじいさんとその孫が釣りをしている。

酔っ払いが4人の警察官に尋問を受けている。ロシア警察に対して俺は恐怖心があった。10年位前だが、俺の友人が警察官にパスポート不携帯だと、いちゃもんを付けられてカツアゲをされたり、ジン君という友人は街中で不当尋問され、金銭の要求を拒否すると、警察署の留置所に入れられ「釈放されたければ、300ドルか300ユーロを払え」を脅され、断ると「いいのか、ずっと出られないぞ」となり、しぶしぶ払ったりしたということがあった。

市民の憩いの場になっている公園はのどかだ

そんな話をいくつも聞いていたので尋問でもされるのかと思っていたが、警察官は俺には目もくれずに行ってしまった。ロシアは変わったのか？　昔のロシアを知らないのではっきりしたことは言えないが、共産主義的な国家体制、国民のマインドが、欧州的なものに変化しているのかもしれない。

第二次世界大戦末期、この街は東部戦線の激しい戦場になった。1944年8月、イギリス軍の空襲で旧市街の大半と大聖堂やその他の教会、ケーニヒスベルク城、大学などが破壊される。1945年1月にはソ連軍が包囲し、ドイツ市民はパニックになり、バルト海を渡って逃げた。そして同年4月にドイツ軍は降伏し、ポツダム会談でソ連への帰属が決定し、現在に至る。

スターリンは約2万人のドイツ系市民を追放し、ソ連の衛星国だった旧東ドイツに列車で移送した。そして逆に大勢のソ連市民をここに送り込んだ。独裁者のスターリンだからこそ、そんなことができたのだろう。この地を奪ったソ連は1946年7月、時の最高会議幹部議長ミハイル・イワノヴィッチ・カリーニンにちなんでカリーニングラード市と改称した。

カリーニングラード州がロシアの飛び地になった後、この土地は悲しい現実を受け入れなければならなかった。経済は崩壊し、麻薬取引、人身売買、盗難車の取引中継地になり、マフィアが闊歩するようになった。また、軍事都市時代の有害な廃棄物が放置され、住めない土地も各地に広がっているという。

しかし近年、経済特区を設けて輸入関税を免除し、ロシア本土との通行にリトアニアのビザ取得を簡素化して物流も整備した結果、世界的な有名な自動車会社のBMWやGMなどが進出してきてこの街の経済は成長するようになった。ちなみにプーチンの前の奥さんであるリュドミラはカリーニングラード出身で、彼女がこの街の経済に力を入れてきたそうだ。

なるほど、経済は好調なのか。どうりで街は思っていたよりも栄えていて綺麗だし、差別的なことを言ってくる人も皆無なわけだ。景気が悪く、失業者が多かったり、政治が不安定な国ではこうはいかない。旅行者の俺たちからすれば欧州の先進国となんら変わらない。

ウォーターフロントのレストランはどこも高級

ケーニヒスベルク大聖堂

プレゴリア川を眺めながらの街歩きは楽しい。気候もちょうどよく、短パンとTシャツで歩けるのは快適だ。

ケーニヒスベルク証券取引場の残骸の前を通る。裏に回ると現在も建物が使われているらしく人が出入りしている。その足でウォーターフロントまで歩く。街灯やオブジェなどを眺めながら遊覧船を見る。高級レストランやお洒落なカフェもあり、ドイツ・スタイルの木組みの建物が並び、観光客がくつろいでいる。綺麗なカリーニングラード観光を味わいたい人にはお勧めするスポットだ。

カント島と呼ばれている湿地帯に建っているのは観光客に人気の大聖堂だ。１３３３〜１３８０年の間にドイツ騎士団によりゴシック様式の教会として建造された。左右に２本あった塔は１５４４年の火災で焼失したが右側の塔のみ改修した。第二次世界大戦でイギリス軍の空爆により破壊されたが、近年ドイツの協力もあって復元された。実際に目にして技術力の高さと共に、歴史的な趣が残っていることに感銘を受ける。

タバコ泥棒の店

小腹が空いてきたのでオープンカフェに入り、ハンバーガーとビールを注文する。ビールが運ばれてきて口にする。冷えていて非常に美味しい。治安がよくて平和だと思っていたカリーニングラードだが、物乞いや物売りがやたらと多く、怪しいやつらがうろついているのが目につく。道沿いに荷物を置いていたら盗られる危険性があると思い、膝の上にバッグを載せる。

俺の前方の席に40歳位の地元の男が座っており、タバコを吸い終わるとタバコとライターをテーブルの上に置いてトイレに立った。すると、貧しい身なりをした年配の男がキョロキョロしながらやってきてタバコとライターを取ってポケットにしまい、行ってしまった。あっという間のことであった。

トイレから戻った男はタバコがないことに気がついて、落ちていないかと探しているので俺が目の前で起こったことを説明した。

「この前も同じことをやられたよ」

「タバコを持ってトイレに行けばいいじゃない?」

「ああ、そうだね。次はそうするよ」

「この街は治安が悪いの?」

「そんなに悪くないけど、置き引きやスリはいるから君も気を付けた方がいいよ」

そう言って、「仕方ないな」と苦笑いしながら去っていった。

その男が去ると、俺の隣にラフな格好の40代の男が座り、ビールを飲み始めた。そして俺の見ているガイドブックに興味を示したのか、話しかけてきた。ロシア人はシャイな人が多いのでこのようなことは少ない。悪巧みを考えているのか、それとも西側に近いため、フレンドリーな好奇心で近づこうとしているのかはわからない。英語も上手いので少し話をしてみよう。

自己紹介などをしながらしばらく話をした。この男性は通信会社に勤めていて常識的な考えの持ち主のようだ。俺は思い切って尋ねてみることにする。

「プーチンのことをどう思いますか?」

彼は少し困った表情をしたが、すぐに真顔になって言う。

「あまり大きな声では言えないけど、僕は好きじゃないよ。海外では嫌われているだろ?」

「好意的には見られていないですね」

彼は複雑な表情で頷いた。

「ロシア国民にプーチンは人気があるのですか?」

「好きな層は多いし、人気はあると思うけど、否定的な人も隠れているだけで多いと思うよ」

かなり率直な答えを返してくれる。俺はもう一歩踏み込んでみることにした。

「北方領土についてはどう思いますか?」

すると彼は少しムッとした顔になった。

「そもそも北方領土など、ロシアと日本との問題ではないよ」

「現実に問題になっているじゃない?」

「日本側が言っているだけで、ロシア人は皆気にしていないよ」

プーチン以上に領土問題はデリケートな話題らしい。空気が変になってしまったので世間話をしてからレストランを後にした。

チャンピー、空港で水を補給する

わずか2日間のカリーニングラード滞在だが、思っていたよりも過ごしやすい場所だった。英語を話せる人が極東や樺太よりも多かったのはいいが、少し刺激は少なかった。

空港に到着したが、開業してから間もないようで建設作業をしている作業員が多い。セキュリティで水の入ったペットボトルを没収されてしまった。水はないと困るので売店で購入。チャンピーはちゃっかりしており、建築作業をしている人の近くにあったウォーター・サーバーで空のペットボトルに補給をしている。それにしてもこの空港はこんな便利なものがあるのか。だったら俺も空のペットボトルを用意していればよかった。

「嵐さん、水を買ったんですか？」

チャンピーが言う。

しよう」

「80ルーブル（約160円）もしたよ。チャンピーは要領がいいな。俺も今度からそう

するとと、今まで作業をしていた人たちが仕事を終えたようで、機材などを片付け始めた。どんどん機材が運び出されていき、最後にはチャンピーが補給したウォーター・サーバーを運んで何もなくなった。

「チャンピー、お前の水って……お前、作業員かよ。プッハハハ」

チャンピーは苦笑いしながらペットボトルの水を一口飲んだ。

第4章
ヨーロッパ最大の都市『モスクワ』

憧れの地モスクワ

俺が小学4年生の時に祖母がモスクワに旅行に行ってきた。当時は高いツアーで行くか、個人旅行の場合でもインツーリストなる旅行会社を通さなければならず、法外な費用がかかった。東西冷戦時代なのでアメリカの子分的な日本人の訪問はかなり厳しく管理されていたに違いない。祖母はモスクワのことをさかんに褒めていて、マトリョーシカをお土産に買ってきてくれたことが記憶に残っている。

モスクワといえば、赤の広場やレーニンやスターリンといった指導者が真っ先に思い浮かぶ。ソ連崩壊後には経済破綻が起こり、市内には物を売る人や売春婦が溢れ、マフィアが力を持ち治安も悪かったという。そのような情報を当時の俺は雑誌、書籍、テレビなどから得ていたが、自由に旅行ができるようになったらモスクワにはぜひ行きたいと思っていた。

それがついに実現するが、数多くいる旅人の知人・友人の中でモスクワに行ったことがある人は少なく、過去10年間に訪れた人の意見はいずれも悪かった。人は差別的で治安は悪く、警察が腐敗しておりカツアゲをしてくるとのこと。

だが、最近モスクワを訪れた人のブログなどを見ると比較的治安は安定していて観光客も多いようだ。はたして現在はどうなっているのか。2018年にサッカー・ワールドカップの決勝も行われたし、街は活気に満ちているはずである。

悪名高い空港に着く

モスクワは人口が約1200万人で、ヨーロッパ最大の大都市である。この街には空港が3つあり、俺はその1つのシェレメチェヴォ国際空港に降り立った。チャンピーとはフライトも空港も別なのでホテルで待ち合わせをしている。

チャンピーは地下鉄を利用してホテルに行くようだが、俺はタクシーを使おうと思っていた。だがモスクワの空港からのタクシーはかなり評判が悪く、運転手が強盗に変貌したり、ボッタくってくるらしい。

空港から俺の泊まるホテルのエリアまでは正規料金が2000ルーブルらしい。俺は気合いを入れて空港の外に出た。

さっそくガラの悪い白タクの男たちが声をかけてくるので無視をする。『TAXI』と書かれているカウンターに行き、ホテル・バウチャーを見せながら「タクシーでここまで行きたい」と言うと、受付の女性は近くにいた背が高くてヒョロっとしている若い男を呼んだ。男は首から『オフィシャル・タクシー』の札を提げている。不審に思ったので「君はタクシー会社の男か？」と尋ねると「そうだ」と言う。男は俺のリュックを勝手に運ぼうとするが、俺はそれを拒否した。

「俺のホテルまでタクシーでいくらなんだ？」

「５５００だ」

完全にボッタくりである。

「おいおい、高すぎるだろ」

男はボードに書かれた料金表を見せてくる。そこには確かに俺のホテルのあるエリアが５５００と記載してあるが、そんなものは信じない。

「高いから嫌だ。別を探す」

「これはビジネス・リムジンで高級車だから高いんだよ」

「そんなのはいらない、普通のタクシーでいい」

「じゃあ、４０００でいいよ」

男はそう言いながら俺を急かす。俺は男を無視して他のタクシー運転手や旅行者に聞き込みをしようとした。すると男は慌てた様子で聞いてきた。

「じゃあ、君はいくら払えるんだ？」

「2000でしか絶対に行かない」

「今、モスクワは物価が上昇していてそんな金額じゃ行かないのを知らないのか？」

ここではハッタリが必要だ。

「俺の友人はいつも2000で行っているし、前回俺もそうだったよ。だから2000しか払うつもりはない」

男はこれ以上何を言っても無理だと悟ったのか苦笑いをした。

「わかった。2000でいいよ」

「え、2000でいいの？」

かなりあっけない。

「うん、2000だよ。さあ、この車に乗ってくれ」

俺は車に乗り込んだ。

マフィアが仕切る白タク

タクシーは動き出した。モスクワは中心にあるクレムリンから同心円状に広がっている街であり、クレムリンからはすべての方角に放射状に幹線道路が延びている。夕方の時間帯なのでモスクワ名物にもなっている渋滞に巻き込まれるかもしれないと思っていたがそんなことはなく、スイスイと進んで行く。そういえば今日は、日曜日なのだ。

運転手は俺と交渉した背の高い男ではなく、英語が拙いカザフスタン出身の男だ。モスクワにはロシア各地と、旧ソ連圏から仕事を求めてやってくる人が多い。

「モスクワは好きですか?」

そう尋ねてみる。

「この街は大きすぎて好きではないよ」

「モスクワって治安が悪いの?」

「俺がやって来た8年前は犯罪が多くて治安がよくなかったけど、最近はよくなったね。景気がいいのか、政府、警察が頑張っているのか知らないけど」

「いつもさっきみたいに空港の外で待機しているの?」

彼によると、空港にいい仕事があると友人に誘われたので去年からこの仕事をしているという。1回の送迎で1000ルーブルをもらっているらしい。

空港にいる白タクの連中は犯罪組織が仕切っているという。警察と空港関係者に賄賂を払い、犯罪組織は縄張りを得ている。俺と交渉した背の高い男は客と交渉して運転手に1000ルーブルを渡して、自分の取り分を除いて、残りを犯罪組織に上納する。ヤクザ的ビジネスが空港で横行しているのだろう。

1時間位でホテルに到着したが、かなり大きな建物だ。観光客や中国人の団体客がロビーに大勢いる。チャンピーは来ているのかと探していると、ちょうどやつがやってきた。絶妙のタイミングである。

荷物を置いてホテルの近辺を散策した。地下鉄の駅がすぐ近くにあり、周辺にはレストラン、スーパーマーケットなどがあり、便利な場所だ。

モスクワ中心部。風格と威厳を備えた街である

赤の広場に向かう

モスクワの地下鉄はどこまで行っても、何回乗り換えしても50ルーブル（約100円）で使い勝手がいい。更に交通系のトロイカ・カードを購入すれば50ルーブルのデポジットこそ取られるが、1回につき32ルーブ

地下鉄の中

ル（約64円）で乗ることができる。

90秒に１本来ると言われる地下鉄は、ほぼ待つことなくすぐにやってくる。車両は古いタイプが多く、大きな音を立てて走る。

モスクワの地下鉄は１９３５年にオープンしたが、最初は11駅しかなかった。現在の駅数は２０６にのぼり、毎日９００万人の利用客がある。更に最近、モスクワの街を一周する鉄道、『モスクワ中央環状線』が完成した。モスクワ市営地下鉄にはすでに山手線のような環状線があるのだが、それよりも外側を一周することになるので、『第二の輪』とも呼ばれている。

新しく完成したのでガイドブックにも載っていなかったが、乗り換えは地下鉄と一体になっていて、トロイカ・カードは地下鉄と共通で使用できる。

俺たちのホテルの部屋からは長い歩道橋で繋がれた中央環状線の駅が見える。

２０１６年９月10日に旅客用として利用が開始され、各５両編成で１２５０人を収容。

駅数は数えてみたが31。料金は50ルーブル（約100円）の安さだ。

電車に乗ってみたがドイツのシーメンス社が開発した車体は凄く綺麗である。窓が大きくて座席の幅も広い。ベビーカー、自転車のスペース、トイレ、スクリーン、充電用コンセント、Wi-Fiがあるのは便利だ。

また、駅の表記は英語で書かれているし、アナウンスでも英語が流れていて旅行者が困らないようになっている。車内からモスクワ川を眺めたり、適当な駅で降りて街を散策することをお勧めしたい。

とにかく広い赤の広場

話が少し脱線したが、俺たちが最初に向かうのは『赤の広場』である。

到着してまず目に入るのは大きな広場。そこには観光客が溢れている。そして広場の奥にクレムリンが堂々と建っている。クレムリンは1156年にユーリー・ドルゴルーキーが砦を築いた。それ以来、ずっとモスクワの中心になっている。

モスクワ大公国時代からロシア帝国初期を通じ、王宮があった。ソ連が成立した後はここに政府が置かれ、現在もロシア連邦の大統領府がある政治の中枢だ。広場からは有名なグム百貨店と聖ワシリイ大聖堂、レーニン廟が見える。俺たちはまず国立歴史博物館に入ってみる。

1883年に開館したこの博物館は展示物がかなり豊富で、世界中から観光客が訪れている。しかし、英語表記がない箇所も多く、イヤホンガイドも個人ガイドもない身としては、もう少しどうにかしてくれよと思ってしまう。

館内は中国人の団体客が多いが、彼らを観察しているとロシアの歴史や展示物には興味がないようで、有名な博物館にツアーで連れられてきてとりあえず写真を撮る、といった者ばかりである。見学を終えた俺たちはトイレの前の椅子に座って、しばらく喧噪に身をゆだねていた。

中華街がない

俺たちは赤の広場の北東にある、モスクワ大公国時代から商工業の中心だったキタイ・ゴラードまで歩くことにした。チャンピーのスマホの地図にこの一帯は『チャイナタウン』と記載されていたから行ってみようということになったのだ。

俺は海外にあるチャイナタウンが昔から大好きである。中華料理を食べたり、華僑の人たちの生活を垣間見たり、同じ東洋人としては異国にあるオアシスみたいな感じで安心するのだ。モスクワのチャイナタウンは一体、どうなっているのか気になるところである。

キタイ・ゴラード。チャイナタウンではない

キタイ・ゴラード駅に着いた。スマホには『中華街駅』とあるが、周辺にそれらしき門はないし、中国人の姿もなく、漢字も見つけられない。俺たちはチャイナタウンらしきものを探すが中国系の旅行会社やレストランを数軒見つけただけで、ここはチャイナタウンではないことを確信する。こんなことがあるのか。

後にモスクワ在住者の女性に話を聞く機会があり、この件について質問すると、彼女はこう答えた。

「私も最初、嵐さんと同じでチャイナタウンがあると思って探したのよ」

「モスクワは大きな街だし、どこかにチャイナタウンはあるでしょう?」

そう尋ねると苦笑いしながら言う。

「モスクワには理由はよくわからないけどチャイナタウンはないのよ」

キタイ・ゴラードはオフィス街にもなっているようでお洒落なカフェやレストランがたくさん並び、日本レストランも何軒かあった。その中の一軒に入ろうと思い、ドアを開けるといきなり銅鑼が鳴る。中国と勘違いしているのだろう。

店内は海外でよく見かける漢字やカタカナで意味不明な言葉が書かれている内装で、壁に刀が飾られていたり、電光掲示板に魚の名前が漢字でチカチカと点滅する。スタッフは流暢な英語を話し、日本のビジネスホテルに置かれている寝巻きのようなものを着ている。

焼きそばを注文してみたが、なぜか麺が蕎麦という珍しいものに遭遇し、それが意外と美味しいことを発見した。

なぜ、モスクワにはチャイナタウンがないのだろう?

調べたことを簡潔にまとめると、モスクワには古くから中国人が住んでいたらしい。1920年にはクリーニング店を経営する人が多くいて、中にはホテルや病院の経営で成功する者もいた。

意外に美味しかった蕎麦を使った焼きそば

1950年代から80年代末まで旧ソ連で学ぼうという中国人が急増した。学業をしながら働く留学生も多かったが、欧米に見られるようなチャイナタウンが形成されてこなかったのは、冷戦時代、ロシアと中国は同じ社会主義国で友好関係にあって融合しやすく、中国人が団結する必要性がなかったためらしい。かつて海外に出る中国人は教育を満足に受けていない福建省や広東省の周辺の出身の人が多く、現地の言葉を理解できず、差別を受ける彼らは力を合わせないと生きてこられなかったのだ。

昔からロシアで生活している中国人たちは現地の社会に溶け込んでいるし、新しくきた中国人も現地の文化を尊重して、共に発展していくことに努めている。そんな理由からモスクワにはチャイナタウンがないとのことである。一方ではロシア政府が中国人たちにチャイナタウンを作らせないような対策をしているという報道もある。

秘密警察の怖い話

昔のスパイ映画や小説にはよくＫＧＢの名前が登場してきた。そのＫＧＢに『ルビヤンカ』という愛称がついていたことを思い出す。本部がルビヤンカ駅のすぐ近くにあったからだ。

ＫＧＢとはソ連国家保安委員会のことで、１９５４年からソ連の崩壊（１９９１年）まで存在していた。この機関はソ連そのものといったもので、情報機関、秘密警察、軍の監視や国境警備も担当していた。ちなみにプーチン大統領もＫＧＢ出身として有名だ。

ここに来るのは楽しみにしていたことの１つだが、観光地ではないので「旧ＫＧＢ跡地行ってきたよ」という人に会ったことがない。ルビヤンカ駅に降り立った俺たちは人で賑わう通りを歩きながら旧ＫＧＢ本部跡を探していた。

「あれ、なんかおかしいですね」

チャンピーが言う。

スマホの地図によると俺たちの目の前にある建物が旧ＫＧＢ本部らしいのだが、どう考えても小さすぎるし、それに繁華街にあるとは思えない。

「ロシアの情報機関だったら、出鱈目な場所に誘導するなんて簡単なんじゃない」

「なんかそれもありえますね」

本当かどうかはわからないが、考えられないことではない。

俺が持っているガイドブックには一応、場所が示されている。それを頼りに着いた古い建物がどうやら旧KGB本部らしい。建物の奥には部外者が入れなくなっており、職員らしき人がエレベーターに乗り込む姿が見える。聞くところによると現在もこの場所はロシアの情報機関が入って活動しているようである。現に俺はこんな話を聞かされることになる。

少し前までモスクワに住んでいたAさん（30代女性）から話を聞いた。Aさんの旦那さんは在モスクワの日本大使館に勤めていた。

彼女によると、旦那さんは大使館に勤務する前の研修中、モスクワ市内のマンションに一人暮らしをしていた。部屋は1階にある。ある日、自宅に帰ると泥棒に荒らされた跡があった。だが、現金などの貴重品には手が付けられていない。一体誰が？

旦那さんは喫煙者であった。すると窓のところに自分が吸っているのと違う銘柄のタバコの吸い殻が置かれていたのだ。情報機関からの警告で『我々は全部見ているから余計なことをするな』という意味らしい。

旦那さんは日本から知り合いが来ても、女性のいる店や風俗店には近づかないようにしていた。昔からロシア及び中国などではハニートラップがあるので、そのような店で取り込まれ、日本の情報を奪われたら大変なことである。

この旧KGBの建物の前でも旦那さんはトラブルに遭った。昼間、用事があって自家用車をこの建物の前に停めておいた。旦那さんが車に戻ると窓ガラスが割られていた。昼間だし人通りがあるのに大胆なことをする泥棒がいるものだ。しかし車内を確かめると金品は奪われていなかった。旦那さんがデジカメを見ると、中に入っているデータがすべて削除されていた——。

この場所は観光客の多いモスクワ中心地にあるが、見物に来ているのは俺たちだけであった。疲れたし、トイレを使いたかったので俺たちはお洒落スポットであるアルバート通りのカフェに入る。この通りはヨーロッパの繁華街にあるような、カフェやレストラン、バーなどが並ぶエリアで俺たちはコーヒーを飲む。

目の前に地元の女性がおり、カプチーノ1杯にもカードを切っている。ロシアはカード社会のようで、雑貨店、レストランなどで少額でもカードを使っている人が多いことに気づかされる。店のメニューは英語が併記されていて、ウエイターも英語が堪能だ。

俺も含め、一般の日本人はソ連時代のイメージから脱却できていないのかもしれない。

実際のロシアは旅がしやすくて常識的な人が多いのだ。

いつからモスクワは発展したのだろうか。20年くらい前に無理をしてでも来ればよかったなと少し後悔する。もしその頃に訪れていたら、現在のモスクワの発展に大きな衝撃を受けていただろう。テレビやネットで知る世界ではなく、自分の足で現地に行き、見聞きすることでいろんなことがわかってくる。

レーニン廟の行列

翌日、俺たちは9時半にホテルを出て赤の広場にあるレーニン廟に向かった。ここは、ロシア革命を成功させたソ連の初代指導者である、ウラジミール・レーニンを祀っていて、月曜と金曜日以外の10時から13時までレーニンの遺体を一般公開している。

10時5分前に到着すると、俺たちの他に10人ほど並んでいる。長蛇の列ができていると聞いていたのでこれはラッキーだ。ロンドンのバッキンガム宮殿にいるような軍服の警備兵が要所要所に立っていてピクリとも動かない。

「嵐さん、10時になりましたよ」

チャンピーが教えてくれる。

レーニン廟。しかし、並ぶのはここではない！

白人の観光客が「まだ開かないのか？」と警備兵に聞くと衝撃的な一言が返ってきた。

「あなたたちレーニン廟に入りたいようだけど、並ぶのはここじゃないよ。あっちだよ」

早くそれを言ってほしいものだ。警備兵の指の先を見ると、そこには凄まじい長蛇の列があった。入場は開始しているがまったく進まないし、炎天下の日差しを遮るものもない。一体、先頭の人は何時から並んでいたのだろうか？　現在、最後尾についている人たちは何時間も並ばなくてはならないだろう。俺とチャンピーが一瞬で諦めるような人の数であった。

ロシアのトイレ事情

前日、街を歩いている時にトイレに行きたくなった。目の前にロシアで2番目に有名なツム百貨店があり、そこのトイレを使わせてもらうことにした。店内は日本のデパートとそんなに変わらない。が、トイレ事情は違う。例えば日本のデパートにあるトイレは各階に1カ所、6階建てならば最低3フロアにはあるだろう。だが、ロシアではどこにもないのである。百貨店内の案内図を見ていたチャンピーが言う。

「嵐さん、最上階にしかないみたいですよ」

「なんだって？」

案内図を見ると確かに最上階にしかない。ウソだろ。日本だったらこんな百貨店には客が来ないぞ。とりあえず最上階に向かうと、トイレは一番奥にあった。さあ、入ろうと思ったらトイレ番の若い女性が言った。

「100ルーブルです」

トイレに200円！

「有料なんですか？」

「ここで買い物をした人はレシートを見せれば無料です」

ロシアのデパートはトイレを使うだけなのにいろいろと不便である。

豊原（ユジノサハリンスク）の6階建てのデパートには3箇所トイレがあった。しかし、驚くべきことにすべて個室が1つあるだけだったのだ。つまりそのデパートで用を足せるトイレは3つしかない。常に誰かが入っていて使うのを諦めたことがある。

グム百貨店の中。店は多いがトイレは少ない

レーニン廟に入ることを諦めた俺たちは、同じ広場にあるグム百貨店に行くことにした。

ここはロシア国内で最も有名なデパートで、1893年に建設された歴史ある建造物である。帝政ロシア時代の雰囲気を漂わせる外観は美しく、しばらく見とれてしまう。

入ろうとすると、荷物検査がある。安全のためとはいえ、面倒くさいものである。中国人観光客が多く、入口にあるアイスクリーム店の前で彼らはアイスを食べている。

グム百貨店の内装は豪華絢爛であり、3階建てのアーケードになっていた。吹き抜けの天井から光が差し込み、優雅な空間を演出している。東京にこんな場所があったら一度はデートで使ってみたいものだ。売り場の面積は、なんと約3万平方メートルで、200以上の店舗が入っている。

しばらく見学して出ようとしたらチャンピーが言う。

「嵐さん、昨日のツムのことがありますから、グムのトイレ事情も調べましょう」

俺たちはトイレを探すがまたしても見つからない。店も客も非常に多いのに、見当たらないのである。

1階にようやく1箇所あった。かなり綺麗そうだ。中に入ろうとするとトイレ番のおばさんが俺たちに言う。

「トイレ利用者は金を払ってくれ」

俺たちはグム百貨店を後にした。

モスクワの日本人女性

俺とチャンピーは、モスクワに1年間住んでいる良子さんという日本人女性と地下鉄駅の入口で待ち合わせをしていた。チャンピーの友人が良子さんを紹介してくれたのだ。

俺たちが駅に行くと、日本の文庫本を読んでいる30代の女性がいたので声をかけた。良子さんは知的な雰囲気を漂わせていたが、それでいて優しそうな印象を受けた。

俺たち3人はチャンピーのお土産を買うために歩いて5分ぐらいの場所にある市場に行った。比較的大きなお土産専門の市場だが、平日だからか客はかなり少ない。

チャンピーはカザフスタンから来ているという男の店でマトリョーシカを4個も購入する。この場所から歩いてすぐのところにレストランがあったので昼食を食べながら良子さんから話を伺うことにした。

彼女はモスクワに暮らして1年になる。日本人の旦那さんは日中は仕事でいないので、その間にロシア語学校に行っているという。その学校の生徒は中国人が最も多く、皆仲がいいらしい。良子さんのロシア語はかなり発音がよく、ウエイターともいろんな冗談を言い合っている。

モスクワの治安は5年くらい前までは悪かったようだが、現在は非常によくなったそうだ。俺たちも観光していて問題はないし、良子さんもたまに夜遅く地下鉄に乗るが安全でトラブルはないそうだ。一部の地域は移住してきた人が多くて怖いらしいのだが、そこに行かなければ夜でも平気で歩いているという。ロシア人には聞きにくい質問をしてみる。

「プーチンは国民にどう思われているのですか？」

苦笑いをしながら答える。

「好きな層はたくさんいるみたいだけど、会社経営者やエリートの人たちには嫌われているわ。ただ、パーティでも大きな声で言えないし、階級が上になればなるほど、プーチン批判をしても何も得にならないし、睨まれるから控えているみたい」

「良子さんの旦那さんの友達とかはどうなんですか？」

「好きじゃないみたいよ」

「でも、普通の人たちには好かれていそうですね？」

「そりゃ、好きな人は大勢いるわよ。でも、普段、生活しているぶんには、そんなことは特に意識しないわよ。ごく平凡な日常ね」

食事を終えると「まだお時間があるのなら、いろんな場所をガイドしたいのですがいいですか？」と良子さんが誘ってくれる。俺たちは二つ返事で答えるが、優しい人だ。

彼女によると、モスクワに1年住んでいても日本から友人が1回来ただけで、両親、親戚は来ていないという。やはり、ビザの問題や重苦しいロシアというイメージがあるし、東京から直行便でも10時間かかるということも影響しているのだろう。

モスクワ川をクルーズ

俺たちはモスクワ川クルーズに行くことになり、地下鉄を乗り継いでいく。それにしても戦争時はシェルターとして活用するためか、モスクワの地下鉄は深すぎる。

駅は芸術作品のような造りのものが多く、中でもプローシャディ・レヴォリューツィ駅（革命広場駅）は銅像の多さで有名だ。俺たちが電車を待っていると、学生や観光客が犬の銅像の鼻を触って立ち去っていく。最初、この街には鼻を触らないと落ち着かない人が多いのかなと思っていたのだが、犬の鼻には試験合格の願いを叶える力があると信じられている。どうりで地元の若い人がやたらとタッチしているなと思っていた。そして犬の足には恋愛成就の願いが叶う力があるらしい。チャンピーがそれをナデナデしているのが気になるところだが、構内にはその他、計76体もの銅像がある。

地下鉄1号線に乗り換え、ヴァラビヨーヴィ・ゴールィ駅に到着。この駅は地上に出ていて、しかも橋の上に造られている。モスクワ川を見下ろすことができて眺めは最高だ。駅のホームには２０１８年のワールドカップのポスターなどが貼られている。大会期間中にはこの駅に降りる観光客が大勢いるに違いない。

駅を出るとまだ20代と思われるクルーズの呼び込みがやってきた。男は良子さんと何やら話している。どうやら、料金は１人９００ルーブル（約１８００円）で、２時間弱のクルーズらしい。

「船着き場はどこ？」

俺が尋ねると、男は遠くを指差した。

「あっちだ」

俺たちは川沿いの道を進んでいく。時刻は17時近くになっていて風が涼しくて気持ちがいい。日光浴や釣りをしている地元民の姿があり、カップルはベンチで自分たちの時間を過ごしている。

ワールドカップ決勝が行われた
ルジニキ・スタジアム

船着き場で待っていると俺たちの乗る船がやってきたが、思っていたよりも古めかしい。２階のデッキ部分には料理や酒を出すカウンターがある。俺たちはビールを注文した。船は70～80人乗りといったところで、客は俺たちを含めて20人弱といったところだ。

船は出発したが、気になったのはモスクワ川の汚さだった。帝政ロシア時代やソ連時代に粛清された人、暗殺された人の血が川の水に染み込んでいるようである。そんなことを考えているのは俺だけのようで、チャンピーと良子さんは楽しそうにしている。

クルーズは素晴らしかった。船上からは、収容人数７万８３６０人のルジニキ・スタジアムという有名なサッカー場が見える。ここでは２０１８年のサッカー・ワールドカップの決勝が行われた。

俺が楽しそうにビールを飲んでいると良子さんがいろいろと説明してくれる。

「あれが芸術家アパートで、ウエディングケーキのようなてっぺんが独特の形をしたスターリン・クラッシック様式と呼ばれているのよ」

これはスターリンがニューヨークの摩天楼に対抗してビル群を造れと命じて、モスクワ800周年を記念して建設されたものだ。モスクワにはこのようなビルが7つあり、すべては1950年代に建てられ、現在もなお、異彩を放っている。この7つのビル群はモスクワでは「七姉妹」「スターリンのウエディングケーキ」などとも呼ばれているようだ。

芸術家アパートの建築期間は1938〜40、48〜52年で、高さは176メートルもある。名前の通り芸術家や著名人が住んでいて高いステータスを誇っていた。

共産主義の成立を目指し、社会主義陣営のボスであったソ連だが、一般市民には絶対に住めない建物を街中から見える場所に造り、当時の人々はどう思っていたのか？　皆、平等でなかったのか？　当時、そんな不満を口にしたらシベリアに送られるか、粛清されてしまうから大人しくしている他はなかったのだろう。現在、内部には映画館、銀行、カフェやレストランなどがあるという。

しばらく景色を眺めていると立派な建物が目に入った。

「良子さん、あの建物は？」

「外務省よ。凄く大きくて重厚感があるわね」

27階建ての外務省はソ連時代から使用されているものだがまったく古びておらず、今回見たロシアの建物の中では一番好きである。威厳のある外観はソ連時代から現在に至るまで国家の偉大さや強大さを外部に知らしめるためのものだろうか。

「あれが文化人アパートよ」

良子さんが言う。

「当時、文化人が集められて住んでいたんですかね」

「そう聞いています」

１９４５年に完成した文化人アパートは、高さが１６０メートルもあるという。かつてこのアパートに住むのがステータスとされるほどの超高級物件だった。ちなみに現在の家賃は１ベッドルームで17～33万円である。

「当時、文化人をここに集めて特権階級を作りたかったんですかね」

「よくわからないけど、そうかもしれませんね」

「共産主義を謳っていたにも関わらず特権階級がしっかりあって、芸術家や文化人を優遇し、その他の貧しかった農民や一般市民はそれを当時どう思っていたんですかね」

「さあ……」

「では作家が文化人に入るとして、俺もテレビやラジオに出る時は文化人枠なわけですよ。俺がロシア人で当時生きていたら、ここに住めるんですかね」

「…………」

「嵐さん、飲みすぎですよ。良子さん、困っているじゃないですか」

チャンピーが言う。俺は我に返った。

「いつも、こんな冗談ばかり言っているので気にしないでくださいね」

良子さんは笑って許してくれた。

クルーズは楽しい。川沿いでダンスをする若者や、釣りをする人の姿が見え、美しいクレムリン、高さ約98メートルのピョートル大帝の像、色彩が豊富な聖ワシリー寺院などもゆっくり眺めることができる。冬にはモスクワ川は凍結するのでクルーズはできないが、春か秋にまたぜひ訪れてみたいものである。

空挺部隊の日

「城塞」を意味するクレムリンは、ロシア革命後にソビエト政府が置かれて社会主義陣宮の中心地になり、現在ではロシア連邦大統領府が置かれている。

赤の広場に行ってクレムリン観光をするものの、政府の建物は警備が厳重で面白くない。ガッカリして外に出てみると凄い人だかりである。どうやらパレードをやっているようで兵隊が行進している。

空挺部隊のパレードは賑やかだ

気になるのは青いベレー帽をかぶり、青と白の横じまの水兵シャツを着た男たちがたくさんいることだ。酒を飲んでいる人もいて、一体、何をやっているのか見当がつかない。

水兵シャツの若者グループに話しかけてみると、今日、8月2日は『空挺部隊の日』らしい。こんな記念日があることを初めて知った。約150万人の現役と元空挺部隊員、そしてその家族がこの日を祝うようだ。空挺軍は機動軍の主力で兵員は約3万5000人いる。空挺部隊は陸軍や空軍の1つの部隊として編成されることも多いが、アメリカの海兵隊のようにロシアでは独立した軍として扱われている。

老若男女の隊員たちはとても楽しんでいるようで、この日、街のいたるところで彼らの姿を見かけた。

最恐スープ

俺たちが泊まっているホテルの近くにはスーパー、雑貨屋、薬局、レストランなどが並んでいる。その中でお気に入りの中央アジア系のレストランを見つけた。

顔見知りになったウエイトレスは独特のアイラインをしている。まるでマジックで目元から横に垂直に描いたようだ。俺たちはいつもこの店で朝食を食べていた。ここはオーダーをよく間違えるものの、それも愛嬌のあるウエイトレスだから許せるものがあった。

前日のチキンスープは美味しかった。今日は違うスープを注文しようと思い、メニューにある写真を見る。卵やハムの入っている美味しそうなスープに俺とチャンピーは同時に目が留まった。

しばらくすると、スープが運ばれてきた。チャンピーが一口飲んで驚いたように言う。

「これ、冷たいスープですよ。しかもわけがわからないのですが、炭酸が入っています」

俺は熱いスープがほしかったのである。なぜこんなミスをしたのか。俺も一口飲んでみる。それは冷たい炭酸水に調味料と薬味を混ぜた味がした。俺は思わず吹き出しそうになった。

「なんだこりゃ!?」

メニューに記載されている具材によると『ビール』も入っているらしい。上に浮かんでいるカブ、卵、ハムなどを食べるがスープはとても飲めたものではない。ビールと、更に炭酸水が入っているのである。一体、このスープはなんなのか？　もしかしたら間違えたのか。だが、そういうわけでもないようだ。

帰国後に調べたが今ひとつわからない。オクローシカという冷製スープに似ているが、少し違う。チャンピーはロシア人の知り合いにメールで聞いてくれたがその人も「見たことがない」とのこと。中央アジアの地方料理なのかもしれないが、全然わからなかった。

チャンピーと共同で調べるうちに、該当しそうなものをようやく見つけた。それは、『オクローシカ・イリナスタイル』という名前の料理のようだ。オクローシカをイリナさんという方が自己流で発展させたのだろう。俺はこのイリナさんとは一緒に住めないと思う。

俺たちは食べ物を残すことを悪いと思ってしまう。更に店によってはスタッフが心配

二度と飲みたくないスープ No.1

そうに「美味しくなかったのか？」「なにか問題あるのか？」と尋ねてくるものだ。頑張ってスープをすするが、もはや罰ゲームのような状況でとうとうギブアップ。

　ウエイトレスがやってきた。心の中では「なんでこんな不味いものがメニューにあるんだ？」と彼女に言いたいところだが我慢だ。なんだか悪いことをした時みたいにドキドキしてきた。彼女は少ししか口をつけていないスープに目をやり、不思議そうな顔をした。聞かれた時の言い訳を考えながらジェスチャーで『もう下げて』とやると、彼女は言った。

「冷たいのは好きじゃないのね」

第5章
世界遺産都市『サンクトペテルブルク』

冬のロシアに行ってください

ロシアの旅を終えた俺はその後、トルコ、タイ、ベトナムを周って帰国した。その翌日、編集Mと2人で行きつけの定食屋で昼食を食べていた。編集Mは俺の読者ならお馴染みだろうが、知らない人のために書くと、俺の担当編集者で付き合いは15年以上になる。俺を危険な場所に派遣したり、無理難題を言ったりして本を書かせようとする危険な男でもある。そのMが言う。

「お疲れさまです。嵐さんが旅に行っている間に本の企画は通りましたよ」

「ありがとうございます」

「でも今回行った旅だけではネタが足りないと思うので、冬の寒い時期にもロシアに行ってください」

この男は突然、何を言っているのか。

「え、また行くんですか？　俺、寒いのは嫌いですよ」

「ロシアは冬が長いじゃないですか。ロシアを知るためには冬に行かないと意味がないと思うんですよ」

俺は寒いのが大嫌いで冬に寒い国を訪れたことは一度もなかった。Mは言葉を続ける。

「エ〜と、冬に1週間ぐらいでいいですからロシアに行ってください。それから僕も休みをとって嵐さんと一緒に行きます」

この男、どさくさに紛れて俺に観光案内でもやらせるつもりか。Mがいたら過酷な取材をさせられそうだし、不吉な予感がする。だが、実のところ、俺はロシアが凄く気に入ってしまっていて、もう一度行けることが嬉しくもあった。それに付き合いの長いMと2人で旅をするなんて初めてのことなので楽しみではある。

その1ヵ月後に日程、コースなどを決めるために出版社に行ってMと2人で会議である。Mのパソコンの前に椅子を持っていき、真剣に話し合う。まず、日程は11月の後半から12月の初めまでの6泊8日。Mが激務でここしか休みが取れないのと、シーズンオフなので経費が安くすむ。

そしてコースである。Mがロシアの文豪・ドストエフスキーのファンで、『罪と罰』の舞台となったサンクトペテルブルクには絶対に行きたいとのこと。俺たちはスカイスキャナーという世界中の航空券を比較するサイトを開いてその場で予約することになった。まず、東京からモスクワ経由でサンクトペテルブルクに入る。そこで3日間の滞在は決定した。そこからだ。

「せっかく冬のロシアに行くのだから思いっきり寒い場所に行くしかないですね。そうじゃなきゃ意味がないですよ」

Mがまた無茶なことを言う。

寒いところというと極東かシベリアで、12月からマイナス20度ぐらいになると言われている。20代前半に俺はニューヨークに住んでいたことがある。冬はマイナス13度ぐらいが普通で、当時メッセンジャーのバイトをしていた俺は厚着をして街を歩き回っていた。若さもあったと思うが、慣れればそれほど苦痛ではなかった。それ以下の気温になると地獄である。ある日、大寒波が襲いマイナス23度になった。鼻の中にある水分が凍り、鼻毛が『ユサユサ』と揺れたのを今でも覚えている。

寒いのは苦手だが、体験してみたいという気持ちはある。さて、どこにしぼるか。すると、出版社の社長が急に俺たちの後ろにやってきて口を挟んできた。

「俺、イルクーツクに行ったことあるけど、あそこはかなり寒いぞ。そこがいいんじゃないか?」

シベリアのイルクーツクか。琵琶湖の46倍あるバイカル湖の起点となる街で、シベリア横断鉄道の中継地にもなっている場所だ。樺太を巡った際にシベリア送りになった日本人に思いを馳せたこともあるし、一度は行ってみたかった。よし、そこに決めよう。

「いいですね、イルクーツク。寒そうだし最高の場所ですよ」

Ｍは嬉しそうである。このような経緯で冬のロシアに行くことになり、ビザを取得し、防寒対策もして当日を迎えた。

乗り継ぎ

成田空港でＭと待ち合わせをしたが、会うなり、やつは子どものような表情を浮かべた。この旅のために防寒ダウンジャケットと、最新のスーツケースを購入したようだが、どれだけ気合いが入っているのか。俺とは温度差があるなと思っていたが、いつの間にか俺にもＭのテンションが伝染してきて搭乗口で遠足に行く小学生のように話をする。

成田を発って10時間後、そろそろモスクワのシェレメーチェボ国際空港に到着する。

２０１５年にもこれと同じフライトでこの空港に降り立ったことがある。この時はロシアに不法占拠されたクリミア共和国に行くためのトランジットだったのだが、わずか１時間10分の乗り換え時間しかなく、大丈夫なのかと心配していた。機内に付いているナビゲーションの到着予定時間を見ると、理由はわからないが、乗り継ぎに間に合わない現実を知る。空港に到着すると機内アナウンスがロシア語、英語、日本語の順で流れてきた。

「ただ今の現地時間は17時10分です」

俺の乗る予定のフライトは17時20分発だ。俺は大急ぎで入国審査を受け、国内便に乗り換える前に航空会社のカウンターに行き、女性係員に「俺の乗る予定のフライトはもう発ったと思うけど、次の便にふり替えてもらえませんか？」と伝えると、彼女はなにを言っているんだという表情を浮かべながら言葉を発した。

「あなたの乗る便は今から搭乗が始まるから急いで」

何かの都合で1時間以上フライトが遅れていてラッキーだと俺は思いながら搭乗口に着き、ふと時計に目をやった。うん？　そこには16時40分と表示されていたのだ。しばらく現状が呑み込めなかったが、どうやら機内のナビゲーションの時間が間違っていた上、到着時の機内アナウンスも間違っていたようだ。

ロシア人の笑顔

モスクワの空港に到着した俺とMはサンクトペテルブルク行きのフライトに乗り換える必要がある。この時は機内ナビゲーションもアナウンスも正しい時刻を告げていた。

空港の外に出ると堅気には見えない白タクの運転手がたくさんいて呼び込みをしてい

る。ATMでルーブルを降ろそうとしたが、ガラの悪いやつらが近づいてきて「使い方わかるか？」「あっちのATMの方がいいぞ」「これから俺のタクシーに乗れよ」と詰め寄ってくるので一旦距離を取る。それにしても国際空港でこんな連中をのさばらせておくとは、元締めのマフィアと空港関係者、警察に繋がりがあるとしか思えない。どうにかしてほしいものだ。

国内線に乗り換える時にはセキュリティ検査がある。テロの多いロシアで検査が厳しいのは致し方ないが、係員の態度が頭にくる。ペットボトルを指差して取り上げられ、俺が笑顔で「ダメ？」と聞いても無表情で「早く捨てろ！」と言われるし、もう少しやり方があるのではないか。Mは「空港の検査が厳しければ厳しいほど安全にフライトを楽しめるから問題ない」と言っているが、このロシア人の態度、笑顔について少しページを割きたい。

ロシア人は普段、笑顔を見せない。これは事実で、在日ロシア人によると「そんなにおかしくないことでも日本人は笑うでしょ。ロシア人にとって、そういう行為は恥ずかしくて、知り合いにそんなことで笑っているとは思われたくないんだよね」と言う。

それは国民的気質であるとも言われていて、外国人はそれに戸惑って「ロシア人は冷たい」「無表情で何を考えているのかわからない」と感じてしまう。ロシア人の笑顔は特徴的で、唇だけを動かし、上下の歯を見せることは下品とされる。だから笑う時でも日本のテレビでワイプに映ったタレントのようにわざとらしく大口を開いて笑うなどありえないようだ。

俺はロシア人と接する時、他の国籍の人と話す時と同じようになるべく笑顔を作って話すようにしている。これは相手と仲良くなりたい、気に入られたいと思っているわけだが、このように作られた笑顔はロシアでは『形式的微笑』などと呼ばれて偽善的で裏のある人物と捉えられる。

昨年、ロシアに実効支配されているクリミア共和国を訪れ、ホテルの喫煙所でタバコを吸っていた時のことだ。そこのホテルは旧ソ連圏とロシア人の客が多く、俺はその人たちに笑顔で挨拶しても睨まれるといったことが続いて心底嫌になった。ロシア人は知らない人には笑顔を見せない。もちろん外国人が多いホテルやレストランなどのサービス業は別だが、本来、笑顔というものは知り合いに向けられる。

ロシア人の笑顔は相手に好意を寄せている時に発生する。だから会ったばかりの女性に微笑みかけられたら、それはかなりチャンスだろう。普通、笑顔は知り合いのみにする。だからもしあなたが知らない人に笑顔を見せれば相手は「覚えてないけど、知り合いだっけ?」という反応をされる。

なるほど、合点のいくことばかりである。税関職員は、俺が笑顔を見せても睨んでくるし、態度の悪さに腹が立つが、それも真面目な仕事をしているからなのだ。空港職員もそうだし、そういえばサハリン鉄道の女性乗務員も常に鉄仮面のような表情をしていたが真面目に働いていただけだろう。

何人かの日本人はこう言っていた。

「ロシア人はあまり笑顔を見せない。怒っているように見えてしまう」

逆にロシア人の中には日本人の愛想笑いを「嘘っぽくて気持ち悪い」と思っている人もいる。笑顔の捉え方が違うので仕方ないことだ。ロシアでは人間が生きていくのに重要な役割である『社交的笑顔』がまだ少ないようだ。笑顔というものを、人間が本来持った、嬉しいや楽しいといった感情を表す機能にしか使っていない。

例えば欧米人と宿などで目が合ったとする。軽く「ハロー」と挨拶をした後、お互い微笑んだりするものだ。だが、ロシア人は知らない人と目が合っただけで、嬉しくも楽しくもないのに微笑む理由などはない。

俺が未承認国家のアブハジア共和国の宿にいた時、そこにはロシア人の若い旅行者がたくさんいた。彼らの見た目は欧米のバックパッカー風だが、俺が笑顔で「ハロー」と言っても笑顔で返す者は皆無で、皆、怒ったような表情を俺に投げかけてきたことは印象深い思い出だ。

サンクトペテルブルクで「パカー」

サンクトペテルブルクの空港に到着し、荷物を待っている間、タクシー・カウンターでホテルまでの手配をする。料金は2000ルーブル（約4000円）だ。スタッフの女性が教えてくれる。

「外には白タクが多いから相手にしないように。それから車はヒュンダイで、番号は200だから」

空港の外に出てみる。気温はマイナス1度を示していてかなり寒い。最近、俺は寝不足や目が疲れている時、視界がぼんやりしてしまうのだが、この時、そうなってしまった。車の番号が遠くから認識できなくなったのでMに頼む。

「目がよく見えないので、Mさんヒュンダイの200を探してください」

「老人じゃないですか、嵐さん」

Mはすぐに車を見つけてくれたが運転手がいない。しばらく俺たちが車の周りにいると運転手が駆けつけてきた。

40代位の男が運転する車は動き出す。ロシア人は言葉の問題もあるが無口な人が多いようだ。この人もそうで一切話しかけてこない。車内は乗り心地がよく、ペットボトルの水のサービスもあるのが嬉しい。

バルト海の最奥部にあるサンクトペテルブルクは、フィンランド湾の沼地を開拓して造られた。その際、ロシア中から集められた労働者は過酷な労働のために亡くなった人も多いという。

ピョートル大帝がサンクトペテルブルクを築いたのは、約３００年前の１７０３年。街の名前には変遷がある。『聖ペトロの街』を意味するサンクトペテルブルクだが、ピョートル大帝は自分と同名の聖人ペテロの名前を冠し、ドイツ語風の名前を街に与えたのだ。だが、第一次世界大戦でドイツが敵対国になったので『ペトログラード』とロシア風に改称された。そしてソビエト連邦の成立後にはレーニンの名を冠し『レニングラード』となった。俺もこの名前の方が昔から知っているので親しみやすい。そして１９９１年のソ連崩壊後に『サンクトペテルブルク』に名が戻った。

少しロシアの地名について説明したい。

よくロシアの地名には「○◇スク」「○×スキー」と付けられていることが多いが、これらは語尾によって街の大きさを表しているのだ。日本に市町村があるのと似ている。

ちなみに集落は「スカヤ」と言い、モスクワの地下鉄駅でもスカヤがつくものが多い。かつての集落が駅名になっているのだろう。村は「スコエ」、街は「スキー」、市は「スク」、大都市や城塞都市は「グラード」。夏に訪れたカリーニングラードは大都市ではないが城塞都市なので「グラード」がついている。

20分ほど走ると市街地に入った。計画都市であるためか、全体的に整然としており、同じような建物や風景が続く。中心地に入るとそこを流れる運河の美しさに目が留まり、街自体が世界遺産というだけあって素晴らしい美麗さを放っている。俺とMは思わず興奮して感動を覚える。

車は東京の銀座のような通りで停まった。無口な運転手は荷物を下ろして俺たちに言った。

「あなたたちのホテルはこの細い道の奥だよ」

すると、Mが唐突に不思議な言葉を発した。

「パカー」

運転手は一瞬面食らったような顔をしたが、頬を緩めて笑顔になった。

「パカー」

同じ言葉を返してくる。

サンクトペテルブルクの美しい街並み

Mとホテルに向かいながら会話をする。

「Mさん、なんて言ったんですか？」

「親しい人に対して言う『じゃあね』みたいなロシア語です。ロシア語難しかったんですが、これは簡単だったので」

笑わないロシア人を笑顔にさせる魔法の言葉のようだ。

ホテルの受付に行くと白人女性の2人組がチェックインをしていた。俺たちの番になったが、受付の男性は英語を話せるものの、非常につたなく、半分ぐらいしかわからない。自分たちの部屋はわかったが、朝食の場所がどこなのかはっきりとわからない。しかし、英語を話せないMはなぜか理解していた。

部屋のドアを開ける前に非常に気になっていたことがある。ホテルを予約する際、ツインベッドかダブルベッドかを選ぶ箇所があり、もちろんツインをクリックしたのだが、『部屋の条件は変わることがあるので

良かった！

ご了承下さい』と記載してあった。俺もMもダブルベッドで寝ることだけは避けたい。もしダブルになってしまったら順番に床で寝ようということにしていた。

部屋に入ると——セントラル・ヒーティングで暖められた空気が俺たちを包んだ。そして小さなベッドが2つ置かれていた。俺たちは共に安堵した。

差別主義者のビール

時刻は22時を過ぎた。ビールでも買ってきて部屋で飲もうと思い、街に出る。通りに出ると石造りの荘厳な建物が立ち並んでいて、ツム百貨店がクリスマスセールを始めている。中を見ると高級ブランドばかりでどれも高そうだ。歩いている人も上流階級のように身なりがいい。女性は美しくスタイル抜群、そしてお洒落である。

ネフスキー大通りはサンクトペテルブルクの中心的通りで、観光客や地元の人でかなり賑わっている。

「綺麗な建物ですね」

ガラス張りになったお洒落な建造物を見てMが言う。それはファストファッションの「ZARA」である。世界一お洒落なZARAではないだろうか。

世界一お洒落なＺＡＲＡ

風も出てきてかなり寒い。冬のロシアのために購入したニット帽を被っているが、こんなものを被ったのはいつ以来だろうか。街には活気があり、隣国フィンランドと鉄道が通っていることが関係しているのかヨーロッパ風で洗練されている。樺太、ウラジオストックの人は田舎的な感じで、モスクワの人もどこかロシア的な野暮ったさがあったが、ここの人たちはお洒落なヨーロッパの国民といった感じである。西側の解放感とソ連社会主義時代、そして310年の街の歴史が交じり合っていて独特の雰囲気を醸し出している。

しばらく歩くが、雑貨屋もスーパーマーケットもなかなか見つからない。他の街ならばすぐに目につくが、ここではまったく見つからないのだ。観光地の真ん中に位置しているためかもしれないが、旅行者にとっては不便である。

街歩きしながら店を探すが、慣れない寒さと日本からの移動の疲労でツラくなってきた。どうしようと思った時、カザン聖堂の近くに一軒の雑貨屋を見つける。

入店して、ビールと水を購入しようとしたが、2人の女性店員は露骨に差別的な態度で電卓に金額を打ち込み、それを見せてくる。支払いを終えて「スパシーバ」と言うもののムスッとした態度だ。

ロシア及び、旧ソ連圏ではこのような仕打ちに慣れているとはいえ、タクシーの運転手もホテルのスタッフもいい感じだったし、ガッカリしてしまう。

翌日もやはり店が見つからない。感じの悪い店には二度と行きたくなかったが、選択肢がないので再び入る。ビールを購入するものの、店員がロシア語で何か言ってくる。そして、呆れたように『わからないのか』という態度で電卓に打ち込まれた金額を見せてきたのだが、その時、「中国人○×～」と明らかに差別的なことを店員同士が口にしている。

俺が金を渡し終えると、早く行けといった素振りをするし、非常に不愉快だった。このあたりは観光客が一年中多い場所だ。大挙してロシアを訪れている中国人旅行者とトラブルがあって東洋人を憎んでいるのかもしれないが、客相手にそんな態度はないだろう。

部屋に戻るとMはシャワーを浴びて、ビールを飲み始めた。そしてスーツケースからガサガサと音をさせながら何かを取り出して一心不乱に食べている。

「何を食べているんですか？」

「なにかあると困ると思って非常食を大量に日本から持ってきたんですよ」

「ロシアにもお菓子なんて売っていますよ」

「いや、担当編集者として体も心配だし……」

差別的な対応を受けた
雑貨屋の店内

「よくわからんのですが、なんですか、この量。スーツケースの収納スペースの一部が全部お菓子じゃないですか」

それにしても驚いた。今回の1週間の旅では絶対に食べきれないほどのチョコ、柿の種、せんべい、ベビースターラーメンなどのお菓子類がスーツケースの中に入っているのである。

「嵐さんもどうぞ、たくさん食べてくださ

い」

　Mとは長い付き合いだが、変わっている男である。

『罪と罰』の舞台

　冬のロシアに旅立つ2ヵ月前、Mが言った。

「嵐さん、ドストエフスキーの『罪と罰』は読んだことはありますか？」

　なぜ、いきなりそんなことを言うのか。

「昔、読もうとしましたが難しいので挫折しましたよ」

　古典的文学として世間から認知されているとはいえ、文章が難解すぎて読む気になれないと思っていた。

「ところが光文社文庫から出ている亀山氏の訳がかなりわかりやすいんですよ」

「そうなんですか？」

「それでですね、嵐さんに宿題です。『罪と罰』はサンクトペテルブルクの街が舞台になっています。本は3巻まであるのですが、出発前までに全部読んできてください」

「は？」

Mがロシアの文豪・ドストエフスキーのファンだというのは以前から知っていたが、俺まで巻き込むのか。なんであいつの趣味に俺も付き合うんだよ。

俺は仕方なく本を購入して読み始めたのだが、予想に反し、かなり面白いのである。亀山氏の訳はたしかに読みやすくて、あっという間にハマってしまった。

本の概要を簡単に説明する。

頭脳明晰であるが、頭がおかしい、もし俺の周りにいたら絶対に友達になりたくないタイプの貧しい元大学生ラスコーリニコフが主人公である。彼には独自の犯罪理論があった。それは「一つの微細な罪悪は百の善行に償われる」「選ばれた非凡人は、新たな世の中の成長のためなら、社会道徳を踏み外す権利を持つ」というものであり、まるでナチス・ドイツみたいなことを考えていた。

その理論で殺人を正当化し、金貸し老婆を斧で殺害し、奪った金を世の中のために役立てようと思っていたが、偶然その現場に居合わせた、老婆の妹まで殺害してしまう。この思いがけない殺害に、ラスコーリニコフの罪の意識は増幅し、激しく苦悩する。その後、彼よりも凄まじい人生を送っていた娼婦のソーニャに出会ったり、紆余曲折を経て、物語はクライマックスを迎える。

当時広まっていた社会主義思想への批判を含む、思想小説の側面を持つ一方、予審判事・ポリフィーリに追い詰められて怒涛の勢いで反論する三度の激論は面白くて推理小説のようでもある。これ以上の詳細は伏せるが興味がある人がいたら読んでみることをお勧めする。

そして翌朝、7時半に目覚めた俺たちは『罪と罰』の舞台を歩くことにしたのである。朝食は8時からなのだが、まだ外は夜のように真っ暗だ。時間を間違えているのかと錯覚してしまうが、この時期のサンクトペテルブルクは非常に日が短く、明るくなるのは9時を過ぎた頃である。外はマイナス2度ぐらいで小雪が舞っている。非常に寒いのだが朝食は別館に行って食べなければならない。歩いて3分の場所に移動して食事をするが、バイキング形式で満足である。ホテルは好立地だし、1泊1人3000円で朝食付きなので非常にお得だ。それもシーズンオフだからだろう。

ドストエフスキーの家

朝食をすませた俺たちは『罪と罰』の舞台を歩くことにした。昨夜よりもネヴァ川の方から冷たい風が吹きつける。確実に体感気温は5度は下がっているだろう。Mはかなりテンションが上がっていて取材用の写真ばかり撮っている。

まずは、作中のモデルとなった場所が集中しているセンナヤ広場に向かう。手持ちのルーブルがないのでＡＴＭを探しながら進むがなぜか全然見つからない。

今まで訪問したロシアの各都市では歩行者優先で、道路を横断しようとすると車は必ず道を譲ってくれる。Ｍには事前にそのことを説明していたがこの街も同じである。最初は少し疑っていたＭも俺が言ったことを信用したようだ。

センナヤ広場が見えてきた。その手前にＡＴＭがあったので現金を引き出す。１回の限度額は５０００ルーブル（約１万円）なのだが、５０００ルーブル札しか出てこない。高額紙幣を持っていてもホテルの支払い、高級レストラン、有名博物館以外では「お釣りがない」と断られることが多いので迷惑である。更に別の機械で２回引き出すものの、いずれも５０００ルーブル紙幣しか出てこなかった。

ロシアのＡＴＭ。英語表記もある

広場には特に目を引くものがなく、『罪と罰』の雰囲気は皆無だ。近くにブリニコー横町があるので地図を頼りに向かう。『罪と罰』では居酒屋や売春宿が並ぶイカガワシイ場所として描かれているが、当時の面影はなく、なんてことのない通りである。期待はしていなかったが、少し寂しい。Mも想像しているものと違ったのか少し気落ちしている。

歩き進むと『K橋』として作中に登場するコクーシキン橋に到着。記念撮影をするが俺たち以外には観光客らしき人の姿はない。

「嵐さん、ラスコーリニコフのアパートまですぐですよ」

Mの後をついていくと、ごく普通の静かな住宅街に入った。あった、ここか。貧しい主人公が住んでいた場所だからボロいアパートを想像していたのだが、かなり立派な建物だ。ここの屋根裏部屋にラスコーリニコフが住んでいたのだ。

この通りには当時、18軒の酒場があったというが、今では酒を飲ませる店は見当たらない。しかし、１８６６年の作品が出版された当時の建物は数多く残っているそうだ。

寒い冬の時期だからか、あまり人は歩いていない。俺たちはドストエフスキーが3年ほど居住し、『罪と罰』を執筆したアパートの前にやってきた。外壁には記念のプレートが掲げられている。Mは感慨深げにそれを眺めて感動しているようだ。若い時からドストエフスキーが好きな人にはたまらないことであろう。

『罪と罰』を読んでいる時、臨場感のある街の雰囲気が伝わってきた。それができたのはドストエフスキー自身がこのエリアに実際に暮らしていて熟知していたからこそだろう。

そこを後にして運河沿いを歩いてみる。ラスコーリニコフが自首した警察署、金貸し老婆のアパート、ソーニャのアパート。

ラスコーリニコフが
住んでいたという設定のアパート

とりあえず、一通り見たが、2時間あれば余裕で見て回ることができる。登場人物の家などはそれぞれが近くて、非常に狭い範囲で物語が進んでいたのがわかってよかったと思う。

しかし、ラスコーリニコフのアパート以外は面影がなくて、少し残念だ。Mが言う。

「少しガッカリですかね。来てよかったとは思いますが」

「世界中、いろんな街を観光しましたが、こんなことばかりですよ。今回は2人だからいいけど、1人だったら寂しい気分になりますよ」

俺たちは再び歩き始めた。

裸になるM

氷点下の外気が体内の熱を奪っていく。冷たい風がやっかいだ。俺たちは次の目的地のイサク聖堂までの道を間違えたらしく、迷ってしまう。信じられないかもしれないが、俺は旅行作家のくせに重度の方向音痴である。Mは俺よりはマトモのようだが、そんなには頼りにならない。

これが暖かくて天気が良かったら積極的に人に尋ねたり、地形や建造物から想像して正しい道に戻ろうとするのだが、ここまで寒いと思考能力が低下して、判断力が鈍るのがわかってきた。体温をキープして先に進むことしか頭になくなるのだ。それに俺の方はMに地図を持たせて任せ、Mの方は百戦錬磨と思っている俺を頼りにしているのである。結果的に迷子になるのは当然といえよう。

1時間以上も遠回りをして、やっとイサク聖堂の美しい外観を見ることができた。イサク聖堂は、「血の上の救世主教会」と「エルミタージュ美術館」とともに、サンクトペテルブルクの代表的な観光スポットになっている。

豪華な装飾に彩られた内部を見た俺たちはドーム部分の展望台まで行くことにした。階段を上ってみるが、らせん状の石の階段が延々と続いているばかりか、外に出ると冷たく激しい風が吹いている。美しい街並みを一望することはできたが、疲れているし寒いしで感動どころではなかった。

下に降りて、ネヴァ川に架かっているブラゴヴェシチェンスキー橋という舌を噛みそうな名前の橋を渡る。日本を発つ前、地図を見て距離を計算していたのだが、想像していたよりも街は大きかった。寒さで動きが鈍っていることもあると思うが、この橋は非常に長く、俺もMも疲労困憊である。

夏の観光シーズンには遊覧船がたくさん運航しているのだろうが、この時期にそんなものはない。遠くに見える工場群が重苦しい雰囲気を放っている。空は厚い雲が多く、雪がチラついてきて気分は落ち込む一方だ。

この街は運河や小さな川が入り乱れ、それを橋が繋いでいる。少し黒っぽく見えるネヴァ川の水は、ラドガ湖からカレリア海峡を経て流れ込み、サンクトペテルブルク市内を流れてフィンランド湾にたどり着く。

展望台から街を一望する

ネヴァ川沿いは非常に風が冷たく、もっと厚着をしてくればよかったと後悔する。この街に行った後、極寒のイルクーツクに行くので寒さに体を慣らすためにわざと厚手のタイツを履いてきていなかったのだ。

俺たちはペトロパブロフスク要塞に到着した。１７０３年から建設が開始されたこの要塞は、当時の強国スウェーデンから土地を防衛するためと、ピョートル大帝のバルト海進出を目的として築かれた。19世紀にはスウェーデンの脅威が低下したことから、政治犯収容所として利用されてドストエフスキーやレーニンも収容された。

周囲はぶ厚い壁で囲まれ、要塞の中央にあるペトロパブロフスク聖堂ではピョートル大帝以後の皇帝が葬られている。現在、ここは複合博物館になっており、ネヴァ川と対岸の街並みを臨むことができる。

俺たちは要塞の周りを歩き始める。すると、突然Mが騒ぎ始めた。

「寒い、寒い」

どうしたのであろうか。Mは真っ青な顔で体を震わせている。そして俺になにやらわからないことを言った。

「いいですか？　嵐さん」

俺が混乱していると、Mは岸辺に建った小屋の影に駆け込んでいく。そして突然、コートを脱ぎ始めたと思ったら、上半身裸になったのだ！　寒さで脳がヤラれたのではないかと一瞬思ってしまう。

「こんなに寒いのに何をやっているんですか？」

　呆れながら聞くと、Ｍはバッグの中から新しいシャツを取り出して素早く着替えた。どうやらＭは防寒着とカイロで暖かくしていたのだが、長時間の散策で汗をかいてしまい、それが冷えて風邪をひきそうになったらしい。それにしてもこんなところで裸になるやつがいるか？

高い壁の要塞。この脇でＭが……

速水もこみち様式

　その後、壁沿いを歩くがどこにも入口がない。標識もないし、係員もいないし、シーズンオフのせいか観光客もわずかだし、ロシアらしい不親切さを痛感する。ようやく入口を見つけて中に入るが、体が冷え切って

ポール・ドラローシュが描いた
ピョートル大帝の肖像画

いて博物館を見物する気分になれない。しかし、せっかくここまで来たのだからサンクトペテルブルクを拓いたピョートル大帝の像を写真に収めたいと思い、俺たちは歩き進む。

　うん？　これはなんだ。俺は疲れと寒さから目がオカシクなったと思った。ピョートル大帝の像が変なのである。近くに寄ってみるとやはり異様な姿が俺の目に映る。14頭身ぐらいのとてつもなく頭が小さい像なのである。

「プッハハハ……」

　思わずツボに入ってしまい、笑ってしまう。Mが言う。

「これは顔が小さい様式の銅像ですね」

「そんな様式の銅像ってあるんですか？　顔の小ささから『速水もこみち様式』の銅像と名付けましょう」

「ハハハハ、それは面白いですね」

ちなみに街中には多数の銅像があるのだが、顔が極端に小さいのはこの像のみだ。童顔ではあるが威厳をたたえたピョートル大帝の姿は肖像画で何度もお目にかかっているが、なぜこの像だけこんな姿になっているのか。

当時、彼はヨーロッパの辺境扱いだったロシアを帝国にまで育て上げ、サンクトペテルブルクを一から造った。その功績は『ロシア史はすべてピョートルの改革に帰着し、そしてここから流れ出す』とまで評されているのだ。

正しい技術で作られた像なのだろうが、美術にうとい俺としてはもう少しどうにかならなかったかと思ってしまう。

どうしてこんな姿になったのか？

いい加減すぎるぞM

宿に戻り、一旦休憩して、夕食に向かう。俺たちは1日おきに夕食のレストランをそれぞれ選ぶことにしていた。Mは図書館から『るるぶ』を借りてきたらしく、今晩はそこに掲載されている『カリンカマリンカ』

という観光客が飛びつきそうな名前のレストランにするつもりだ。しかし、探すものの全然見つからない。ガイドブックに記載されていても行ってみたらすでに閉店していることはよくあることである。

「ところで、その『るるぶ』はいつのですかね？」

そう俺が尋ねるとMは本の発行日を確かめた。

「あ、２０１３年ですね」

４年以上も前のものではないか。

「どうしてそんなのを持ってきたんですか？　店を調べるのには古すぎますよ」

そう突っ込むがMは呑気に笑っている。

「なにも考えずに借りてきちゃったんですよ、ハハハ」

ジョージア料理。チーズの下は肉と野菜

本人が出版社に勤めているというのに発行日を確かめないなんて、いい加減な男だ。

結局俺たちは『カリンカマリンカ』と同じテナントに入っていると思われるジョージア料理の店に入る。そこはサービスも味もよかったが、量が多い上に、なぜか俺たちはチーズの料理ばかりを頼んでしまう。

シーズンオフのエルミタージュ美術館

翌日、朝10時に宿を出たが足の調子がよくない。前日、寒さの中、９時半過ぎから夕方までほとんど休憩することなく歩き続けたことが原因なのか、右足の付け根が痛いのだ。ピンチである。

俺たちは『レニングラード包囲と防衛博物館』に向かうが、道路には雪が薄っすらと積もっている。公園は特殊な土を使っているのか、少し凍っていても滑らないようになっているようだ。

夏の庭園の前までくる。ここはピョートル大帝の命で造られた約12ヘクタールの庭園で、名前通り夏には大勢の人で賑わっているだろう。だが、冬の時期は閑散としていて地元の人が数人いるだけである。

博物館に到着したがまだ開いていない。Mが呼び鈴を鳴らして出てきたスタッフに尋ねると、本日の水曜日は12時半から開くようだ。現在は11時。たまにこんなミスがあるが、一人旅ならばカフェでくつろいでのんびり時間が過ぎるのを待てばいい。

公園には薄っすらと雪が積もっている

しかし、今回は鬼編集のMがいるし、1週間しか取材時間がないので頑張るしかない。俺たちはサンクトペテルブルク最大の観光地であるエルミタージュ美術館に向かう。

途中、車同士の交通事故があったようで、双方のドライバーが車外に出て携帯電話をかけている。車は破損しているが、当事者同士は揉めているわけではなく、野次馬が集まってきているわけでもない。これがエジプトやインドあたりだったら当事者が激しく罵り合い、時には殴り合い、野次馬は何重にもなって集まり、彼らもエキサイトしてしまうというメチャクチャな展開になっているだろう。その様子も人間的で面白いのだが、ここでは双方が冷静で通行人も興味がないといった様子で通り過ぎていく。

「ロシア人って大人なんですかね」

Mは言うが、そういう一面はあるのかもしれない。

エルミタージュ美術館のチケット売り場は観光シーズンになると気が遠くなるほど長い行列が並ぶという。世界中の有名観光地はシーズンになると長蛇の列で、いざ見学になっても人が多すぎて落ち着かない、そして疲れ果てて見たせいで感動が得られず、数年経つと忘れてしまうということが起こりがちだ。

だが、シーズンオフのこの時期、エルミタージュは空いていた。チケットも簡単に購入できるし、館内も中国人団体客が多すぎるのが気になるものの、見て周るのには最高だった。

宗教画の割合が多く、人によって好みもあるだろうが、宮殿をそのまま使用している美術館そのものも含めて、素晴らしい展示物ばかりだ。俺は特に惜しみなく金が使われた孔雀の仕掛け時計に目を奪われた。美術に関心のある人はぜひ立ち寄ってほしいが、観光シーズンの混雑ぶりは大変らしいので、俺たちのように時期を外してみるのもいいかもしれない。

静かな事故現場

シーズンオフで人が少ないエルミタージュ美術館

レニングラード包囲戦

俺たちは『レニングラード包囲と防衛博物館』に再び向かった。第二次世界大戦における有名な戦いについて展示されている博物館にぜひ行ってみたかった。入場料は250ルーブル（約500円）の小さな博物館だ。

第二次世界大戦開戦直後、ドイツとソ連は同盟を結んでおり、ソ連はフィンランドに侵攻して領土を一部奪った。その後、ドイツが同盟を破棄してソ連に侵攻した際、奪われた領土を奪還したいフィンランドはドイツと手を組んだ。そういった歴史的背景を知っていればここで展示されている資料を理解しやすい。そういったことに興味があまりない人はロシア語表記ばかりなので理解しにくいかもしれない。

館内の展示物は2階のワンフロアのみ。展示物はカテゴリ別に小部屋にまとめられている。訪問者は意外と多く、スーツを着た欧米の外交官のようなグループが、ガイドの説明を真剣に聞いている。

館内にはロシア人のオバちゃんボランティアが大勢おり、英語はまったく話せないのに俺たちに説明してくれる。Ｍが日本語とジェスチャーでオバちゃんに尋ねる。

「これはＳＳ（ナチス武装親衛隊）のバイクですか？」

オバちゃんはロシア語で「そうだ○×」と説明。なぜか２人は理解し合っているようだ。

ヒトラーは１９４１年夏にレニングラード（現サンクトペテルブルク）の周辺で軍事行動を開始した。この街を地図上から消し、住民も壊滅させるつもりだったが、街の防御を崩すことはできなかったので飢餓による消耗作戦を考える。１９４１年の夏には街は包囲され、鉄道交通なども遮断される。包囲戦は実に８７１日間に及んだ。

包囲戦の中、軍や市民はどのように困難を乗り越えたのか。そのような観点から当時の写真や市民が使用していた品々を見る。本当にあったことを展示しているので非常に生々しい。

ドイツ軍の侵攻が早かったので疎開する余裕もなく３００万人の市民が取り残された。サンクトペテルブルクはフィンランド湾とラドガ湖に囲まれている。陸路と海路が閉ざされて食料が入ってこなくなった。人々は１２５グラムのパンをもらうために配給券を持って並んだ。これだけで足りるはずはない。皆、ベルトや動物などを食べ、ついには人肉にも手を出したと言われる。

当時の学校の教室を再現したスペースには子どもの絵が貼られ、過酷な生活の様子が描かれている。病院を再現したスペースにはガリガリになった子どもが診察を受けている写真がある。

武器工場の電力を優先させたため、街中の電気が止められた。物資、電気不足に苦しむ中、冬の寒さが襲ってくる。人々は飢えと寒さで倒れていく。レニングラードの街角は死体で溢れた。

絶望的な状況下で市民は耐えた。そんな時、かつてナポレオンを追い返した冬将軍が市民に味方する。11月20日、ラドガ湖が凍ったのだ。輸送部隊が氷上を通り、物資をレニングラードに送り届けた。

その後、トラック輸送が可能になり、湖に鉄道が敷かれ、物資が運ばれるようになり、市民の避難も始まった。もちろん、この時期もドイツ軍の圧倒的有利は変わらないので安心はできない。いつ攻撃されるかわからないからだ。

この湖上の鉄道は『命の道』や『死の道』とも呼ばれるようになる。

1943年1月、イスクラ作戦（日本語では火花）でレニングラードへの陸路が確保され、1944年1月にはソ連軍がドイツ軍に勝利して、ようやく包囲が解かれた。その時に使用された武器、軍服、模型などが多く展示されている。

調べていくうちに興味深い情報があった。飢えに苦しむ市民の命を救ったのは猫だというのだ。

ドイツに包囲されている間、飢餓で弱り切った人がどんどん死んでいった。食べるものがなくなり、とうとう猫の肉が食べられた。生きるためには仕方のないことである。1943年頃には街からは猫の姿は消えてしまった。

猫がいなくなった街はどうなるか？　繁殖力の高いネズミが増えてしまうのだ。それが街中を歩き回る。体力の限界に達した人間の中には飢えたネズミに襲われるものも出てきた。ネズミによる伝染病の被害が拡大しただけでなく、美術館や博物館に入って残されている芸術作品や書籍、絵画を食い漁る。

鉄道交通が部分的に回復されると、他の街から猫を詰め込んだ車両が到着した。猫たちはさっそく、『軍事行動』を開始し、ネズミを一掃した。

サンクトペテルブルクの市民は猫の功績をいまだに忘れず、猫の記念碑は街のいたるところに見られる。また、エルミタージュ美術館の地下には猫がたくさん飼われており、現在でも所蔵する美術品をネズミから守っているという。

1人のボランティアのお婆さんが展示物を見ている俺たちに何かロシア語で伝えてくる。そして部屋に連れていき、説明を始めた。Mは必死にお婆さんと会話を試みる。Mは日本語、カタコト英語、お婆さんはロシア語、不思議なことにそれでなぜか2人の会話が成立しているようだ。

Mは裏社会の住人や社会からドロップアウトした作者たちを担当することが多いが、彼らは何を話しているのかもわかりにくいし、根気強くなければ本を作ることなどできない。そんな相手をずっと担当しているため、意思の疎通が難しい相手がなにを言っているのか、それを咀嚼して理解する能力を備えているのだ。

Mがお婆さんから聞いたことをまとめると、有名な「ターニャの日記」のことを説明してくれたという。当時12歳の少女ターニャはレニングラードにいた家族が次々に死んでいったことを日記に書き残していた。ターニャは後に救出され施設に送られたが、衰弱し14歳でこの世を去った。

日記には次のように記されている。

1941年12月28日午前12時半　ジェーニャが死んだ。

1942年1月25日午後3時　おばあちゃんが死んだ。

１９４２年３月17日午後５時　リョーカが死んだ。

１９４２年４月13日深夜２時　ワーシャおじさんが死んだ。

１９４２年５月10日午後４時　リョーシャおじさんが死んだ。

１９４２年５月13日朝７時半　ママが死んだ。

サーヴェチャフ一家は死んだ。みんな死んだ。ターニャひとり残された。

鬼になったM

宿に戻って少し休憩し、夕食を食べにいくことにした。今日は俺が店を選ぶ番なので、有名な「文学カフェ」に行くことにした。

文学カフェは宿から歩いてすぐの場所にあり、入口にプーシキンの人形がある。この店にはドストエフスキーやプーシキンなどの文豪が通い、プーシキンは運命の決闘前に立ち寄ったと言われている。値段はそれなりに高かったが、店の雰囲気もサービスもよく、注文したカツレツとサーモンは絶品だった。

店を出てMが言う。

「嵐さん、夜の街を散策しましょう」

しかし、俺は足の付け根の痛みが増してきていた。足の疲労と寒さで血行が悪くなっているのかもしれないが、ヤバい状況だ。明日は極寒のイルクーツクに移動しなければならないし、宿に戻って安静にしたい。

「足がヤバいです。すいませんが、俺だけ帰ります」

するとMは怒ったように言う。

「なにを言ってるんですか！　取材旅行ですよ、それを忘れていては困りますよ」

行きたいのは山々だが、足が痛くて歩くのもつらいのである。

「Mさんだけで行ってくださいよ」

「編集だけ行ってどうするんですか！　行きますよ！」

文学カフェの店内。レトロな趣がある

「鬼か！」

俺は仕方なく足を引きずりながら歩く。3年くらい前から歩きすぎると足が痛くなることが増えたので年齢による衰えは否定できない。そんなことを俺が考えているとMはこんなことを言った。

「文学カフェの食事は量がそんなに多くなかったからピロシキ食べたいですねー」

「呑気でいいですね、Mさんは」

「そうですか？　ロシアといったらピロシキですよね」

Mの態度にイライラしながら夜の街を歩くが、ピロシキは見つからない。Mは残念そうだ。ざまあみろである。

地下鉄の駅に到着すると、入口にコップを持って小銭を求める物乞いの姿があった。この寒さで外にいたら凍死する危険がある。どこで夜を越しているのだろうか。

「昨年、地下鉄でテロがあったじゃないですか、どんな感じの警備体制か見てきます」

Mはカメラを抱えたまま構内に入ろうとする。しかし、ロシアは空港や駅などの写真撮影は厳しいので俺は注意する。

「写真なんて撮ったら面倒なことになりますよ」

「中を少し見るだけなんで大丈夫です。嵐さん、足が痛いのなら少しここで待っていてください」

数分後、Mが出てきた。

「どうでした？」

「中に入ったらゲートが一方通行で出られなくなったんですよ。それで警備員になにをしているのかと警戒され、写真を撮るなと怒られました」

4、5人の警備体制は物々しいものだったらしい。

「それはそうですよ、それで？」

「中国人か？　と聞かれたので日本人ですと答えると、トウキョー？　オオサカ？　と会話が弾んで、もう行っていいよという感じで外に出されました」

変わった演劇

地下鉄の駅を後にし、通り沿いを歩いていると、ラスコーリニコフと金貸し老婆の人形と斧が飾ってあるウィンドウに目が留まった。それを見ていると劇団員のお姉さんが流暢な英語で話しかけてきた。

「劇を観ていかない？」

値段は1000ルーブル（約2000円）のようだ。これも何かの縁だと思い、鑑賞することにする。

スタッフの説明によれば、300年前からのサンクトペテルブルクの歴史を演劇で解説してくれるものだという。開演は40分後なので、それまで街を散策して時間をつぶす。

その間もMはピロシキを探すが見つからない。

「ピロシキ、ピロシキ、うるせえな」

「ピロシキを食べないと、僕のロシアが始まらないんです」

よくわからないやつだな。それにしても、今まで訪問したロシアの街ではスーパーや雑貨店などでピロシキを売っていたが、サンクトペテルブルクではなぜか見つからないのである。銀座の一等地に肉まんを売るコンビニがないのと似たようなものだろうか。

時間になったので劇場に戻るが、驚いたことに、普通の劇のように座って観るタイプではなく、劇団員の主のような人が各部屋を周って案内してくれるスタイルである。こんなのは初めてである。観客は手すりにつかまって立ちながら演目を観たり、歩きながら説明を受ける。
●1部屋目
ピョートル大帝が300年前にサンクトペテルブルクに小舟でやってきたシーンを蝋人形が演じる。ピエロの恰好をした男が講談師のように説明してくれる。
●2部屋目
外国人でありながら初めて皇帝になったエカテリーナの絵画を水と光で演出。

●3部屋目

ネオナチのようなスキンヘッドの男が案内人になる。凶暴そうな顔立ちで英語は話せないが笑顔は優しそうだ。鼻のない蝋人形が出てきたが内容はわからない。ゴーゴリーの小説『鼻』に関係しているのかもしれない。

●4部屋目

トランプ占い師の中年男が中にいる。そして「私とゲームをしよう」と言ってくる。どうやら参加型のようだ。ハートの3を占い師がめくり、Mはハートの13をめくる。背中を向けていた蝋人形がこちらを向くと顔にスペードの12がついていて占い師は「ノーゲーム」と言って終了。意味はまったくわからない。

●5部屋

いきなりサンタクロースが登場。そして物乞いがサンタからプレゼントをもらうがなぜかボロボロの人形。意味不明。

●6部屋目

またもやトランプ占い。俺がスペードの5を引くと、占い師はハートのエースを引く。すると蝋人形がこちらを向いて顔にジョーカーのようなカードが付いていて「ノーゲーム」と言う。またかよ！

●7部屋目
ボロボロの洋服を着た男が現れる。『罪と罰』の演目が繰り広げられ、蝋人形のラスコーリニコフと斧で殺された老婆が登場。観客の立っている台がガクーンと下がって、驚く演出がある。

●8部屋目
この頃になると、更に意味がよくわからなくなり、なんだか気疲れしてきた。ロシア語を理解していたとしてもこれはキツイような気がしてくる。ここはラスプーチンについての話。

●9部屋目
鏡張りの部屋を抜けるとパンフレット売り場のような土産物売り場があって「いるか？」と言われたが「いらない」と返す。

そして、そのまま建物の裏側に出て終了となった。俺は気になっていたことをMに聞いた。

「客が俺たちしかいなかったけど大丈夫ですかね？」

総勢5、6名の劇団員が俺たちのためだけに演目を行ってくれたのだ。この劇団がいつまで続くか心配になってしまう。

「ちょっと厳しそうですね。嵐さんはどう思いましたか?」

「ノーゲームです」

このピロシキじゃない

朝から雪が降っていて早くも積もっている。俺たちはツイている。この降り方では満足に街を歩くことができないので、移動日に降ってくれて助かった。

今日はイルクーツクへの移動日で、昼の12時に空港までの車を手配していた。時間が少しあるので「血の上の救世主教会」を見学することにした。俺も旅行作家と名乗っている以上、有名観光地を訪れなければならない。

宿から歩いて10分ほどのところにある「血の上の救世主教会」は純ロシア風教会で、ネギ坊主と呼ばれる玉ねぎ型の屋根が印象的だ。外観、内装ともに素晴らしいが、キリスト教にそれほど関心のない俺としては長居する場所ではなかった。

宿に戻ると、頼んだ車は12時ぴったりにやってきた。他の国と違い、ロシアは時間に正確だ。インドネシアのフローレス島のホテルで頼んだ車は連絡なしに1時間遅れるし、ケニアやジンバブエなどのアフリカでは来ないことすらある。南米も10分ぐらい遅れるのは普通なのだ。

　車は空港に到着した。運転手は終始無口だったが、「写真を撮らせてくれ」と言うと快く撮らせてくれ、Mが「パカー」と言うと笑いながら返してくれる。

血の上の救世主協会

　さてと、チェックインだ。航空会社は初めて聞くウラル航空。チケットを購入する際、預ける荷物は別途負担ということになっていたので、1人3000円ほどは取られるはずである。

　俺たちがカウンターに行き、荷物の重量を量ると係官はこう言った。

「別途で荷物代が発生するので、下の階にあるカウンターで手続きをしてください」

　俺の荷物は15キロ、Mは13キロ。手荷物は10キロまでは持ち込みが無料なので、2人の荷物をまとめて1人分の追加料金だけですむようにすればよかった。

　嫌な予感を覚えながら指定された場所に行くと、追加料金は2人で1万ルーブル（約2万円）。1人1万円である。うわ、高すぎる。せいぜい3000円ぐらいだと思っていたので結構ショックである。Mもそれは同じようで「まだピロシキを食べていないから空港で探します」とうわ言のようなことを言っている。

コンビニのような店があったので俺は女性店員に尋ねた。

「ピロシキありますか？」

「あるわよ」

Mの顔が一気にほころぶ。しかし、それは「パン生地でいろんなものを包んだもの」という意味ではピロシキに違いないが、中にクリームチーズが入っている甘いものだった。Mががっかりした様子で肩を落とす。

「これでいいんじゃないですか、美味しいですよ」

「パカー」と返してくれた運転手

俺はMにも勧めるが、Mは断る。
「僕の食べたいのはイモ、肉、キャベツなどが入っているやつなんですよ」
俺たちは搭乗口に向かった。

第6章
極寒のシベリア『イルクーツク』

極寒の地

異国情緒を誘う響きで、いつかは訪れてみたかった、シベリア。

人口約29万人のイルクーツクは首都のモスクワからシベリア鉄道で繋がっていて、ロシア極東地域と中央アジアを結ぶ交通の要衝だ。

早朝6時に俺たちはイルクーツクの空港に到着した。外は暗く、サンクトペテルブルクとの時差が5時間あるため、かなり眠い。機内アナウンスではマイナス14度。どうやらターミナルまではバス移動のようで、外に出ないといけないようだ。

俺たちは到着する30分前に寒さ対策のため、カイロを腹の部分に装着していた。乗客は厚手の上着、マフラー、ニット帽でそれぞれ防寒対策をしている。俺たちもニット帽を被り、気合を入れる。

飛行機のタラップを降りて外に出た。スキー場で最初にロッジからゲレンデに出る感覚に似ている。防寒対策をしているため、耐えられないほどではないが、バスの車内にいるとだんだんと体内の温度が奪われてくるのがわかる。

バスはようやく動き出し、あっという間にターミナルに到着したが、早くもここには出迎えの人や、呼び込みをする白タクの運転手の姿がある。荷物を受け取って空港の外に出ると、雪が積もり、かなりの寒さである。吐く息は真っ白で、タバコを吸っている人の煙はもはや息と見分けがつかないほどだ。

イルクーツクに到着。外は寒そうだ

急いでタクシーの運転手に交渉すると500ルーブル（約1000円）でホテルまで行ってくれるというので乗り込んだ。少し明るくなってきた街を走り出すが、雪はそれほど積もっていないようで安心する。

タクシーは15分弱でホテルに到着した。時刻は朝7時で、中に入ると暖房が効いていて温かい。受付には東洋人らしき20代の男がいた。この男は俺の後輩の『ウエスカー』というあだ名のやつに似ている。『ウエスカー』は徹夜明けなのか眠そうな目で丁寧にホテルの説明をしてくれる。

俺は気になっていることがあった。通常、チェックインは13時か14時に開始である。部屋が空いていれば入れてくれるが、埋まっていたら、部屋の掃除が終わるまでフロントで待たなければならない。体が疲れていて眠りたいし、この状況で極寒の外に出るつもりにはなれない。寒いと、人間は体を温めるためにカロリーを消費するため、いつも以上に疲れるらしい。だから日本にいる時よりもカロリーを多く摂取し、睡眠を多く取らないと体調を崩してしまうのである。『ウエスカー』が言う。

「チェックインが13時からなのを知っていますか？」

「知っているけど、空港から到着したばかりで疲れているのでどうにかなりませんか？」

「あなたたちの予約した部屋ではまだ客が寝ていて、いつチェックアウトするかわからないんですよ」

「待つのはツラいので、どうにか他の部屋に替えてもらえないでしょうか？」

俺は嘆願するように言う。

「う〜ん、ちょっと待ってて」と言い、『ウエスカー』はどこかに確認の電話をしている。数分して電話を切ると淡々と言う。

「他の部屋が空いているので今から入っていいですよ」

ラッキー、なんと優しい人だ。部屋に入ると、事前に写真で見ていたものと違い、かなり大きい。どうやらノーマルのツインルームをデラックスルームに無料で変更してくれたらしい。シーズンオフだから可能だったのだろうが、『ウエスカー』には心から感謝した。

室内にはセントラル・ヒーティングがあり、管から熱を放出しているのだが、部屋が広すぎるのか、あるいは外の気温が低すぎるのかはわからないが、あまり暖かくない。ちなみにサンクトペテルブルクの部屋は暑くて乾燥していて室内ではパンツとTシャツで十分であった。時おり暑すぎて、窓を開けて外気で部屋の温度を下げるようにしていたほどだ。

広い部屋にしてくれた。ウエスカーありがとう

タバコを吸いたくなった俺は外の喫煙所に向かうが、身に染みる寒さで1本を吸うのがやっとだ。俺とMは体を休めるため、目覚ましをセットして爆睡した。

ようやくあった

目覚まし時計の音がはるか遠くから聞こえてくるよ

こんな装備で外に出ました

うだ。俺はゆっくり瞼を開く。あ〜、そういえば寝ていたのだ。かなり深い眠りについていたようで、時刻は13時。5時間ほどが経っていた。

さてと、防寒対策をして外に出てみよう。俺の装備は、下は防寒タイツ、ズボン、タイツの上に貼るタイプのカイロに厚手のソックス。上は、Tシャツ、ヒートテック、ヒートテックの上に張り付けカイロ、厚手のセーター、薄いダウンジャケット、その上に重ねる厚手のダウンジャケットである。ニット帽と手袋をして街に出る。

道路は少し雪が積もっているが、歩くのはそれほど困難ではない。宿で街の地図をもらってそれを頼りに進むがロシア語で表記されている上、大雑把でわかりにくく、10分もしないうちに道に迷ってしまう。

そんな状況であるが、俺たちは空腹には勝てずに一軒のレストランに入った。中に入って気が付いたのだが、そこは中央アジア系の食堂で、現地の人が食事をしていた。

朝青龍のような顔立ちのブリヤート人である。彼らは俺たちのことを興味津々といった様子で見てくるが排他的なものは感じられない。

メニューは読めないし、言葉も通じないが、店主は優しい人で一生懸命意思疎通を図ろうとしてくれる。商品ケースの中には作り置きの食べ物が陳列されている。

「嵐さん、ありましたよ、あれ！」

Mが興奮してケースの中を指差している。そこにはピロシキがある。

「あれは甘いやつじゃないですよね」

「きっと肉が入っていると思いますよ」

Mは念願のピロシキを注文した。

温めなおして運ばれてきたピロシキは中に羊の肉と玉ねぎが入っている。Mは言葉もなく食べている。満足のようだ。

次は現地で『ブウズィ』と呼ばれている名物の肉まんが運ばれてきた。肉汁がたっぷりで、マヨネーズをつけて食す。肉汁の味は濃くて美味しく、羊肉の臭みはない。極寒の地域なので脂身の味が強いが、体の隅々に熱となって沁み込んでくる。お茶を飲んで体を温め、2人でわずか290ルーブル（約580円）だ。

店主に現在地を尋ね、レストランを後にする。道を進み始めるが、雪が強くなり始め

ブウズィ。名物らしい

て視界が遮られる。

通行人は意外と多いが、ロシア系よりもブリヤート人の姿が目立つ。彼らはモンゴル族の一部であり、イルクーツクから近い場所にロシア共和国に組み込まれているブリヤート共和国もある。

モンゴル人の先祖はバイカル湖から誕生し、草原地帯に進行した。ブリヤート人はバイカル湖を起点に東に居住している人と西に居住している人とではかなりの違いがあるという。東に住む人は固有の文化を維持しているが、西ではロシア化が進み、ロシア人との混血も進んでいる。

証拠はまだ不十分なようだが遺伝学・考古学の観点から『日本人バイカル湖発生説』というものがあり、それによると日本人の起源はバイカル湖周辺のブリヤート人にあり、彼らは弥生人・縄文人の遺伝子に近い特徴を持つと言われている。日本人のルーツとして近年、注目を集めているようだ。

俺たちは『130地区』と書かれた標識を見つける。そこはお洒落スポットらしく、観光客が必ず訪れる場所のようだ。中心街に行きたいので、130地区に向かって歩くが通行人は減少し、雪がどんどん深くなってくる。

雪のない時期は、道に引かれたツーリスト用のグリーラインに沿っていけば効率よく観光することができるらしいが、残念ながら雪に隠れていてなにも見えない。

寒さが増してきて、道を間違っているのではないかという恐怖が襲ってきた。通常なら迷ったとしても問題はないが、ここでは遭難、そして死というものを意識させられてしまう。周囲には俺たち以外に人はおらず、雪の勢いは増すばかりだ。

すると、道端に置かれたゴミ箱の上に1匹の黒猫がいた。飼い猫か野良猫かは不明だが、近くに猫用の缶詰がある。俺は一刻も早く市街地に向かおうと前に進もうとするが、Mは大の猫好きで本人も2匹飼ってい

中心地には人が多い

る。Mのテンションが突然上昇し、写真を撮りまくり、気持ち悪いほど猫に話しかけている。

「いや〜、可愛いですね」

Mの無邪気な姿を見て俺は元気をもらって進んでいく。すると、ようやくカールマルクス大通りという中心の道に出ることができた。雪が舞う中、大きなレーニン像を眺める。それにしても寒い。温かい部屋で休みたい衝動に駆られるが、明日、バイカル湖まで行くバスターミナルの位置を確認するために、そこまで歩くことにした。

Mが興奮していた猫。
こんな寒さで大丈夫なのか？

ここはシベリアのパリ

中心通りを進む。銀行や携帯ショップなどがあるが、ノンビリとは見ていられない。足元が不安定なのと、吹き付ける風から身を守るため自然と下を向いたまま歩いてしまう。

ニット帽の上からダウンジャケットのフードを被っていたが危険であることがわかる。周囲の音がシャットアウトされるし、視界が狭くなって道路を渡る時に車が見えないのだ。

足場の悪い交差点は危険だ

信号はいずれも歩行者が渡れる時間が短く、凍っているところもあって転びそうになる。他のロシアの街との違いは、道路が歩行者優先ではないことだ。例えば、今まで訪れた街ならば車は歩行者に積極的に道を譲ってくれるが、ここでは車優先で、全然止まってくれない。3日間の滞在期間に譲ってくれたのはパトカーと優しそうな女性のわずか2回だけであった。

青信号が点滅したので急ぎ足で横断歩道を渡ろうとすると、足元が滑って転びそうになった。その時、信号が赤に変わり、バスが俺に向かって突進してきた。幸いにも転倒しなかったが、もしそのまま倒れていたら、頭をバスに踏みつけられて俺の人生は終わっていたかもしれない。Mもそれを見ていて「危

このときの気温はマイナス14度

なかったですね」と驚いている。ここでは3つぐらいのミスが重なれば『死』という現実に直面するようだ。極寒のシベリアで命を落とし、冷凍保存されたまま東京の自宅に送られるのだけは絶対にゴメンである。

人が集まっている通りを見つけたが、正面はショッピングセンターになっている。その近くの温度計はマイナス14度を示している。このまま歩き続けても体がオカシクなるだけだ。俺たちは体を休めるためにショッピングセンターに入ることにした。

この周囲は市場になっているようで、この寒さの中、地元の人たちが野菜や魚、お菓子類などを売っている。彼らの商魂に感心させられるが、ゆっくりと見ることはできない。

ショッピングセンターに一歩、足を踏み入れると、そこはオアシスだった。が、それも10秒だけで、今度は暑さが襲ってきた。こっちは相当な厚着をしているのだ。外はマイナス14度、館内は20度ぐらいである。ニット帽と手袋を外し、ダウンジャケットのジッパーも開ける。

しばらく暖をとって再び外に出てみるが、イルクーツクに来てからやたらと人がジロジロと見てくるのが気になる。他のロシアの街では俺に無関心なのか、視線を感じることはなかった。しかし、この街の人たちはなぜか観察するように見てくるのである。

古い木造の家が多い。中は暖かいそうだ

街中には中国人がいるし、モンゴル系のブリヤート人も大勢いる。東洋人は珍しくないはずである。たぶんだが、他人にあまり興味を示さない気質のロシア人の比率が減ったのと、あまり旅行者慣れしていないことから、見慣れない者に興味があるのかもしれない。

物珍しそうな表情の人もいる一方、どれだけ中国人が嫌われているか知らないが、中国人をバカにするような言葉を発してきたり、明らかに蔑視するような態度の人もいる。

イルクーツクは低い建物ばかりなので比較的遠くから教会が見える。この街にはロシア正教会の大主教座が置かれていて、劇場、オペラなどの文化施設などもある。それらの建物はかつてシベリアに抑留された日本人によって建てられたものも多い。

また、イルクーツクは『シベリアのパリ』と呼ばれることがある。日本には『小京都』と呼ばれているところが多いし、『銀座通り』という地名も全国にある。それと同じように○○のパリと呼びたくなる気持ちはわかるが、この小さな街がシベリアのパリというのは違和感がある。シベリアの他の土地は絶望的に辺鄙なところなのではないかと想像してしまう。

露店の商品には雪が積もっている

バスターミナルが近づいてきているのか、大きなバッグを持って歩いている人が増えてきた。ここでも彼らは俺たちのことをジロジロ見てくる。朝青龍に似ている若い男が俺に「君のリュックのファスナーが開いているよ。危ないから閉めた方がいいよ」と注意してくれる。「スパシーバ」と礼を言うとニコッと笑っていってしまう。シャイだが優しい人だ。

道路の脇に建つ木造の家々に目が行く。19世紀の建物のようだが、地震のない地域はこのような建造物が現存していて素晴らしいと思う。大きな野良犬が4、5匹走り回っている。俺は野良犬が怖いので距離を取るが、Mは犬も好きで、近づいて写真を撮っている。夜になれば犬は怖いかもしれないが、昼間は人間に危害を加えそうな雰囲気はない。

バブルとアリョンカ

18時になると、すっかり街は暗くなっている。俺たちは再開発されたイルクーツクのお洒落スポット『130地区』に夕食を食べにいくことにした。この地区の入口にはイルクーツクのシンボル像で、市章にもなっている『バブル』があり、記念撮影をしている人の姿が見える。

『バブル』とはシベリア虎がテンを咥えている像なのだが、見た目が少し変わっている。さまざまな言い伝えがあるが、その中の1つは次のようなものだ。

バブルとは、古いシベリア方言で虎を意味している。バブルがクロテンを咥えた紋章

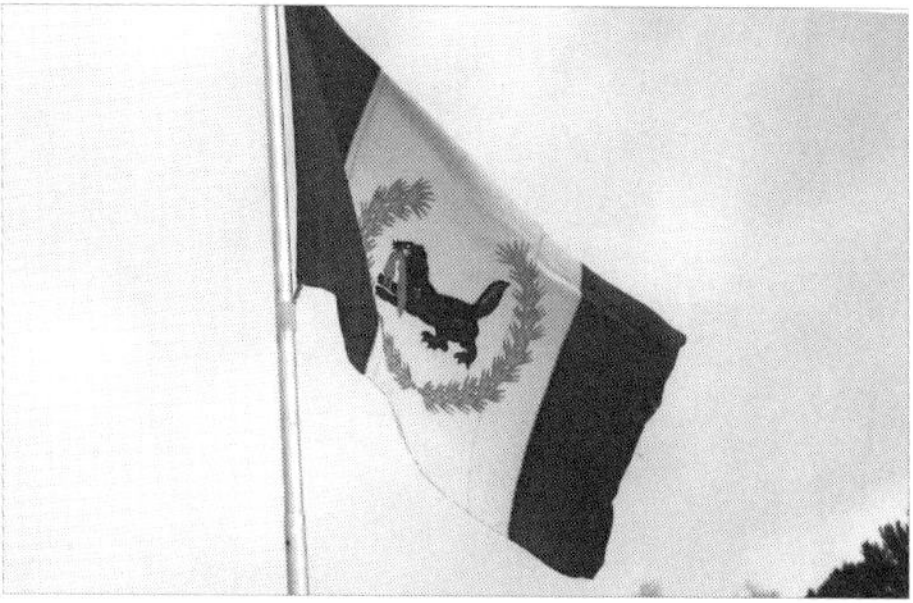

イルクーツクの市旗に描かれたバブル

を女帝エカテリーナが18世紀に承認した。しかし、その100年後、その解説を読んだサンクトペテルブルクの役人はバブルをスペルミスだと思い、「ボブル」(ビーバー)と修正してしまった。そして芸術家が絵の変更をして生まれてしまったのが『虎ビーバー』で、手足に水かきがあるフワフワのしっぽの付いた黒くて変な肉食動物というわけだ。

130地区はお洒落な飲食店や土産店が立ち並び、夜遅くまで開いている。観光客というよりも金持ちそうな地元の人やカップルが多い。目星をつけていた店に入るものの、満員で、諦めて別の場所で食べることにした。

街を歩けば入りやすいレストランが簡単に見つかると思っていたが、全然見つけられない。一段と気温も下がってきたので、カフェでハンバーガーのセットを頼んで妥協する。

スーパーに入ると、食料品売り場には鮭の酢漬け、いくら、魚の燻製、惣菜が並んでいる。俺たちは白ワインと鮭のマリネ、ポテトサラダを購入。そしてお土産用のチョコを購入することにした。夏にロシアに行った際に気に入った『アリョンカ・チョコレート』を買いたいのだ。Mも知り合いに買ってきてほしいと頼まれていて、大量にカゴに入れている。

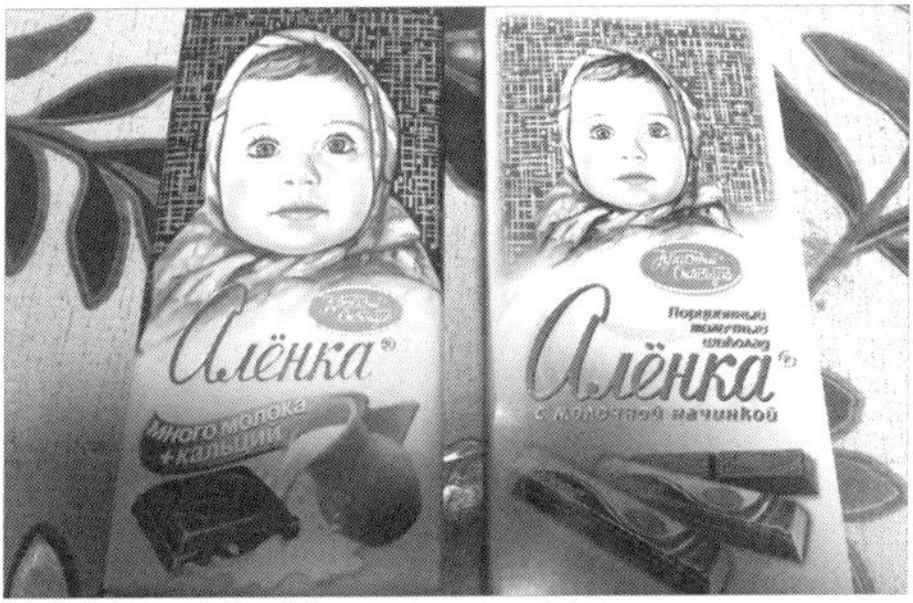

お土産に人気のアリョンカ・チョコレート

『アリョンカ・チョコレート』はロシアを代表するチョコで、ぽってりとした頬っぺたが可愛い赤ん坊のパッケージが目を引く。『アリョンカ』とは、ロシア人女性の名前であるエレーナやレーナの愛称で、ソ連時代から親しまれている。ノーマルのサイズのものは約200円。これと同じものが東京の舶来品の店では500円で売られていた。

当時、このアリョンカのパッケージにふさわしい女の子を新聞で大々的に募集して写真コンクールを開催したが、最終的には工場に勤めていたデザイナーの娘の写真が選ばれたそうだ。

遭難の危機

買い物を終えた俺たちは外に出たが、瞬時に体中の筋肉が縮こまる。昼間よりも明らかに気温が下がっている。

イルクーツクの気候は、亜寒帯冬季少雨気候で、夏は30度を超すが、冬はマイナス30度以下になる。昼と夜の寒暖差も激しい。

すぐに宿に着くと安易に考えていたのだが、一向に到達しない。通行人はわずかで彼らは酔っているのか、通りすがりに変なことを言ってくるので治安はあまりいいとは思えない。タクシーも走っていないし、これはマズイぞ。寒さにヤラれていなければ冷静に考えることもできるが早く宿に着くことばかりを考え、Mを頼って後をついていく。

「あれ、おかしいですね」

Mが足を止めた。どの通りも特徴がない上に、昼と夜とで景色も違う。宿はそれほど遠くないはずだが、完全に迷ってしまった。

寒い地域の人ならば小さい頃からこのような状況に慣れているかもしれないが、俺は東京、Mは静岡出身である。気温は確実にマイナス20度を下回っている。街中で遭難し、そのまま凍死するという展開になりかねない。

「あそこのドラッグストアを右に曲がれば着きますよ」

俺はそう言って角に向かうが間違っている。本格的にヤバイ。焦りと寒さで頭が回らない。俺はMに提案をした。

「来た道を戻って、最初からじっくり確認しながら進みましょうよ」

かなり遠回りになるが、これならば確実だ。しかし、Mは言う。

「あそこに教会が見えるでしょう。宿の近くです。方向は合っているはずなので、このまま前に進みましょう」

Mを信じるしかない。というか、俺は歩くだけで精いっぱいなのだ。いつの間にか住宅地に入り、商店は一軒もなくなった。2人組の酔っぱらいとすれ違うが、からまれるかもしれないし、話しかけようという発想が湧いてこない。本当にこの道で合っているのか。

するとと見覚えのある建物が現れた。俺たちの宿だ。どうやらいつもとは反対側の道から到着したらしい。嬉しいという感情よりも、体を早く温めたいという衝動に駆られた。

俺は部屋に入るなり、買ってきた白ワインを開け、グラスに入れて一気に飲み干した。美味い、美味い。体にアルコールが沁み込んでくる。体中の細胞に吸収されていくようだ。そこからジワジワと熱が発せられているような感覚に陥っていく。生きていてよかった。

Mはそれを見て笑いながら写真を撮っているが、そんなことは気にしていられない。

極寒の実験

翌朝、俺たちは昨夜仕掛けておいた『ブツ』を取りにいく。Mはどうせ俺が何も考えずに取材旅行をするに違いないと思い、日本からバナナ、リンゴ、はんぺんを持ってきていた。何をするかというと、凍ったこれらのもので釘が打てるかという実験である。部屋にベランダはないので宿の外に隠しておいた。野良犬の姿があるので食べられていないかと心配したがそれは杞憂に終わる。

こんなところを
撮るんじゃないよ！

バナナ、りんご、はんぺんはカチカチになっている。冷蔵庫を開けた時に温かく感じたが、それほどの気温なのだ。板を見つけ、まずは、袋に入ったままはんぺんの両端を持って釘を打ちつける。期待はしていなかったが、見事に釘は刺さった。平べったい鉄の塊を打ちつけているような感覚である。次にリンゴである。この硬い塊で頭を殴れば大ケガをするはずである。

「Mさん、頭をこれで殴らせてください」

「はんぺんを嵐さんの後頭部に打ちつけた後ならいいですよ」

そんなことを言いながらりんごで釘を打つが、丸くてやりにくいものの、難なく釘が刺さる。最後にバナナだが、実験をしなくても答えはわかる。凍ったバナナを持って初めてわかったが、非常に手にフィットする。CMや実験などで頻繁に使われる理由がわかる。持ちやすいうえに絵になるのである。

簡単な実験が終わって、これからバイカル湖に観光だ。

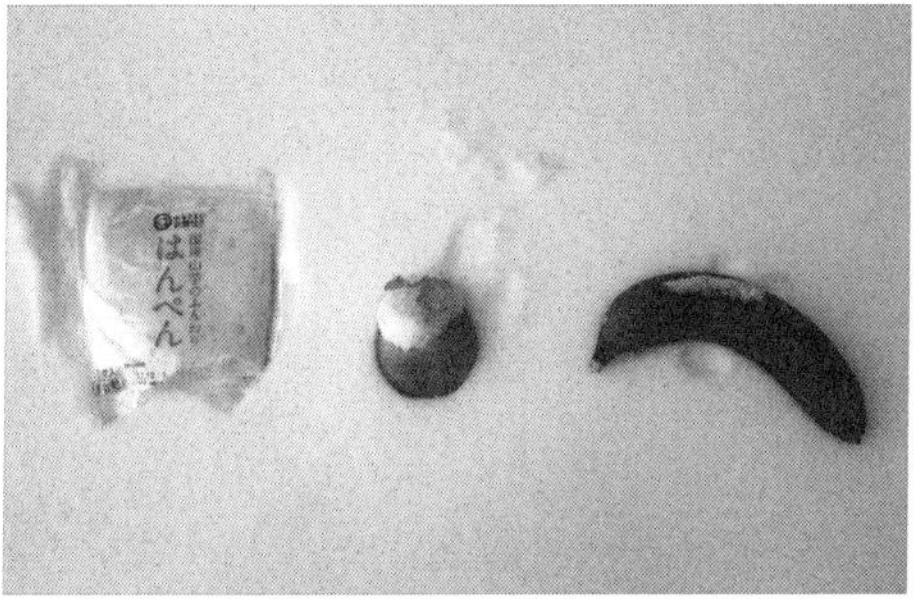

実験後、おいしくいただきました

バイカル湖に向かう

『バイカル湖のほとり』という俺が好きなロシア民謡がある。

デカブリストの乱で敗れた青年将校の流刑の歌である。19世紀後半に、農奴制廃止と立憲君主制を求めて逮捕され、シベリアに送られた政治犯たちによって作られ、歌い継がれてきたと言われている。

デカブリストの乱について簡潔に説明したい。

1825年、フランス革命やナポレオン戦争でヨーロッパは混乱していた。それらの秩序を取り戻すことを目的としたウィーン体制化に、自由主義を求める青年将校の反乱がロシアで起こったのである。事件の起こった12月のことをロシア語でデカーブリというので、この事件に参加した人たちはデカブリスト（十二月党）と呼ばれることになった。

しかし、民衆を巻き込んだ運動には広がらず、政府軍は反乱を鎮圧し、首謀者は逮捕されて絞首刑になった。事件に関係があるとされた500人以上が逮捕される。ロシアで起こった反乱は鎮圧されてしまったがヨーロッパでは大きな衝撃を持って迎えられ、これが約80年後の第一次ロシア革命に繋がることになる。

俺とMはバスターミナルに到着した。ここからバイカル湖の玄関口であるリストビヤンカという街まで行くのだ。料金は110ルーブル（約220円）だ。チケット売り場で順番待ちをしていると60歳位のオジサンが英語で話しかけてきた。

「リストビヤンカまでのバスは今行ったばかりで、次の便は11時発だよ。タクシーで2000（約4000円）だけど、乗っていかないか?」

正面の建物がバスターミナル

Mはすぐに断るが俺はどうするか考えてしまう。今からでは次のバスまで50分も待たなければならない。割り勘をすれば大した金額でないし、時間も節約できる。それにこちらが指定した場所で降ろしてくれるはずだ。それを告げるとMは言う。

「110ルーブルの公共機関で行けるのに2000は払う気になれませんね」

確かにそうである。俺たちは待合室で時間をつぶすことにしたが、しばらくすると「トイレに行ってきます」とMが言い、席を立った。それから全然戻ってこない。心配だ。トイレは汚いので、たとえ腹痛になっても長居はしないはずだ。

ここはロシア、撮ってはいけない施設を写真に収めて秘密警察にでも捕まっているのか。そういえば兵士や警官もウロウロしていた。様子を見にいきたいがMの荷物や上着まで預かっているし、億劫である。もしこのまま戻って来なかったらどうなるのであろうか。バイカル湖は中止でホテルに戻って……う～ん、そんなことは考えたくもない。

俺はある出来事を思い出してしまう。2002年12月、ブラジルのサンパウロに行くために成田空港でチェックインをする際に、宮浦という女性バックパッカーと知り合った。サンパウロで泊まる日本人宿も一緒ということがわかり、空港からタクシーをシェアしようと約束をした。向こうも危険な南米の一人旅ということもあり、男性と一緒のほうが心強いのだろう。

しかし、その後、俺はトランジットのアトランタ空港で過去の不法滞在の罪で捕まり、2日間留置所に入れられて（詳細は拙著『海外ブラックロード　危険度倍増版』に収録）、日本に強制送還させられてしまった。

俺は帰国の際、宮浦のことを思い出し、きっと俺が突然いなくなったことで心配しているだろうなと思っていた。その1ヵ月後、俺はカナダ経由でサンパウロに降り立った。ブラジル国内を周り、3ヵ月後ぐらいにサンパウロの日本人宿で仲間とくつろいでいると、女性と目があった。『あっ！』とお互いに声を出していた。宮浦であった。彼女は開口一番、「心配していたんですよ！」と言った。

俺は事情を説明した。彼女によると、トランジットのアトランタ空港の搭乗口に俺がいなかったことに驚いた。なにか事故に巻き込まれたのかと思い、係員に俺の特徴などを伝えたが「そんな人はいない」と言われ、サンパウロの空港に着いてからもしばらく探してくれたという。その後、南米を周っている間も知り合う日本人に「こんな不思議なことがあった。とても心配している」と話していたようだ。

もし逆の立場でもかなり心配するだろう。そんな昔話を思い出していたら、呑気そうなMが帰ってきた。

「いや〜、出発まであと15分位ですかね？」

「トイレに行くと言っていたのにずいぶん長時間で心配していましたよ。どこにいたんですか？」

「え、ずっとトイレにいましたよ。さっぱりしたな〜」

想像以上の寒さ

16人の乗客を乗せたライトバンは雪道を走行する。これから行くバイカル湖はすべて

このライトバンでリストビヤンカに向かう

においてスケールが大きい世界の湖のチャンピオンだ。

大きさは琵琶湖の約46倍で、三日月型の形をしている。最大水深の１６３４～１７４１メートルは世界一の深さで、貯水量、そして透明度も世界一である。更に驚かされるのは世界で最も古い古代湖ということだ。約３０００万年前に海から離れて孤立して徐々に淡水化を進めていったと考えられている。バイカル湖は現在も幅と深さが拡張し、湖底がプレートの活動の影響で動いている、まさしく生きた湖なのだ。

走り始めて早くも20分で退屈になってきた。霜で窓が曇ってしまい、外がまったく見えないのだ。一度拭っても気温差であっという間に再び霜に覆われてしまう。外が見えないだけでなく車のサスペンションの状態が悪く飛び跳ねるようにライトバンは走る。車酔いしそうなのを耐えていると、ようやく日の光が差し込んできた。

霜が取れると、偉大なバイカル湖が俺の目に映った。青い水面は海のように壮大だが、波はほとんど立っていないので静かだ。それを見て感動してしまう。

乗客がバス停に着くたびに降りている。結局、終点まで行ったのは俺たちだけだった。目の前にツーリスト・インフォメーションがあったので入ろうとするが閉まっている。観光シーズンではないので閉鎖しているのだろう。現に歩いている旅行者らしき姿はない。

夏は観光客で賑わい、湖が凍る1月~3月にも世界中から人が来るという。今は寒いだけの中途半端な時期で、深い湖は凍るのに時間がかかるのだ。

俺たちはバイカル湖博物館を目指して歩き始めた。マイナス20度という気温に輪をかけて、湖面から吹きつけてくる風が凄まじく冷たい。体を動かしているとまだいいが、足を止めると一瞬で寒さに包まれる。

すると突然、Mの鼻水が止まらなくなった。ティッシュで鼻をかむが、滝のように鼻水が出てきて苦しそうだ。俺の方は口を開けていたのだが、冷たい風で歯が痛くなってくる。あまりにも寒いと冷たい水を口に含んだ時のように歯がしみるものなのか。

バイカル湖に目をやると、穏やかな海のようにゆっくり波が立ち、湯気のような水蒸気が水面から立ち上っている。神秘的である。

しかし、感傷に浸っていられる余裕はなく、極寒の現実を突きつけられる。足元は雪

湖面からは水蒸気が立ち上っている

で歩きにくいし、ひたすら前進するしかない。レストラン、カフェ、ホテルなどが密集しているエリアがあるが人は少ない。

12月でも十分に冬季だと思うが1月から5月は水面が全面凍結する。こんなに寒いんだったら今凍ってくれよと思ってしまう。

凍結時の氷は分厚くて1メートルにもなる。氷の上を車で走ることができるばかりか、3月には氷上を走るバイカル・マラソンが開催されている。湖の透明度が高いので氷の上からは水深40メートルほどまで見ることができるそうだ。4月下旬になると解氷が始まって氷の切れ目が見られる。

整理するとバイカル湖観光は1、2月に湖が凍って神秘的になる。3月にはバイカル・マラソンがあり、4月後半には氷が砕け始めて素晴らしい眺め、5~10月は普通の観光シーズンで、11、12月は雪が降り始めて寒いのに湖は凍っていない。究極のオフシーズンに俺たちはいるのである。すれ違うのはほとんどがイルクーツクに住んでいると思われる人たちで、俺たちのような旅行者は白人の女性を１人見ただけだった。

歩き始めて30分、単調な一本道に飽きてくる。地図が載っている看板を見ると目的地のバイカル湖博物館まで30分はかかりそうだ。バスの終点から２つ手前のバス停で降りればよかったのである。白タクが話しかけてくれば、多少ボラれてもその車に乗りたいものだが、そんなものは皆無である。

透明度抜群のバイカル湖でダイビングしている人もいる。

「寒くないんですかね？」

ダイビング好きのＭに尋ねる。

「いや、水の中の方が温かいと思いますが、潜っても生物が少なそうですね」

そう言いながらもＭは鼻をすすり、ティッシュで鼻をかんでいる。とても苦しそうで、どうやら寒冷アレルギーになったようだ。あまりにも寒い場所にいると

こんな道を進んでいく

ダイビングをしている人がいるのには驚いた

起こるアレルギーの一種で、最悪の場合は死ぬこともあるという。湖からの冷たい風が引き起こしたMへの呪いなのか。調べるとバイカル湖には25万人もの人間の魂が眠っているという。

20世紀初頭、ロシア革命の時に赤軍の手から逃れ、ここまでやってきた白軍。その家族が真冬のバイカル湖を渡ろうとして寒波に耐えることができずに命を落とした。この世界史に残る最悪の事件は『シベリア大雪中行軍』と呼ばれている。

この美しいバイカル湖はロシア革命の悲劇の舞台でもあったのだ。

中国語のアナウンス

歩き始めて1時間でようやくバイカル湖博物館に到着した。入口に向かうと、行きのバスで一緒だった家族連れがいる。どうやら帰りのバスを待っているようだ。彼らはイルクーツクから日帰りで子どもを連れてきたのだろう。

館内に入ると高校生の社会科見学のグループやロシア人観光客などで賑わっている。無人のクロークにダウンジャケットを掛けるが、館内が暖かくて涙が出そうになってくる。しばらくクロークの前で体を温める。それにしても体が冷え切った。

バイカル湖博物館には湖の情報が詰まっている。バイカル湖近辺の動植物の75%以上は固有種である。まるでガラパゴス諸島のようだ。大きな水槽があり、熱心に写真を撮っている人たちがいたので向かうと、バイカル湖やその周辺の河川に6～9万頭が生息している体長100～140センチ程度のバイカル・アザラシがいる。

小型のアザラシは常に泳ぎ回っていて、体が丸々としていてカワイイ顔をしている。淡水に生息するアザラシは世界で3種類しか知られていないが、淡水だけに住むのはバイカル・アザラシだけだ。そして、どうやってバイカル湖に生息するようになったのかはいまだに謎のようである。世界にはわからないことが多すぎて楽しい。

一度、入口の近くに戻ると、狭い部屋から15人ほどが出てきた。そこは潜水艦の搭乗口のようになっていて、バイカル湖に潜る潜水艦の疑似体験ができるようだ。

中に入ると次回の客は俺とMの2人だけである。ドアが閉められると室内は暗くなって潜水艦が潜っていく様子が再現されている。そしてアナウンスが流れる。

「ニーハオ、○▼◇〜〜〜」

うん？　中国語じゃねえか！　係員は俺たちのことを中国人と思ったらしく、中国語の解説が流れ始めた。何を言っているのかさっぱりわからない。英語にしてくれればいいのに。

バイカル湖を訪れる中国人は多いようで、このアナウンスだけではなく、レストランのメニューや立て看板にも中国語表記がある。調べると、中国人観光客が激増したのは2017年になってからで、過去1年で158％の増加率だという。中国人歌手、リー・ジェンのヒット曲『バイカル湖』の影響が大きいようだ。

ひょうきんな顔で泳ぎ回る
バイカル・アザラシ

潜水艦疑似体験を楽しんだ俺たちは博物館を後にすることにした。クロークに行ってダウンジャケットを着るが、再び外に出るのが嫌になってしまう。俺はMに言った。

「もしこの上着が盗まれていたら大変ですね」

「ここでは盗まれないでしょ。もしそうなったら死ぬ危険性がありますね」

「低体温症で死亡ですよ。でもですよ、もしMさんの上着が紛失したとして、俺たちが探しまくる。するとマイク・タイソンのような凶暴そうなやつがそれを着て平然と俺たちの前を歩いていたらどうします？」

「う～ん、それはツラいな。ヤバすぎる」

「でも、どうせ上着がなかったら死ぬ可能性があります。マイク・タイソンみたいなやつに抗議するとボコボコにされて生死をさまようかもしれませんが、素直に返してくれるかもしれない。だったら抗議をするべきですよ」

「……嵐さん、こんな時に何を言っているんですか」

Mはそそくさと出口に向かっていった。

バイカル湖を飲む

俺たちは最初降りたバス停まで戻ることにしたが、バイカル湖に来たからには湖で獲れる『オームリ』という魚をぜひ食べたいと思っていた。オームリは湖に多く生息しているサケ科の白身の魚だ。美味しいといわれていて、バイカル湖における重要な水産資

オームリの燻製を売っていたオバちゃん

源の1つである。レストランで食べるのもいいかもしれないが、寒すぎて食欲は湧かないし、何枚も重ねた上着を脱ぐのが億劫である。

その時、道の脇で魚を焼いている販売所を見つけた。オバちゃんがこの湖で獲れた魚を燻製したものを売っているようで、周辺の街から買いに来る人が多いようだ。

「オームリはある？」

俺が尋ねると、オバちゃんは20センチほどの燻製を指差した。

その場で食べたいと伝えると、オバちゃんは笑顔で頷き、白い煙を舞い上げながら魚を焼いていく。1匹100ルーブル（約200円）は安いのか高いのかわからないが、空地にある椅子を見つけ、雪をどかして座った。

そのまま噛り付くと、淡泊な鮭のような味で美味しいのは確かだが、寒すぎて味わうどころではなかった。極寒の野外ではなく、温かい場所やレストランで食べるべきものである。Ｍが絶対に冷めない最強の水筒に熱いコーヒーを入れてきていた。日本で活用しているようだが、いくらシベリアの寒さでもこの水筒なら大丈夫だろうと持ってきたのだ。こんな時は熱いコーヒーを飲みたいものだ。コップに入れて飲んでみる。——ぬるい。

オームリ。美味いが寒くて味わえない！

俺たちはその場を後にして階段で湖畔まで降りて、湖に手をつけてみた。凍る寸前の水のようだ。するとＭがコップに湖の水を入れてゴクゴクと飲んでいる。

「なんで湖の水を飲んでいるんですか？　汚いでしょ！」

俺は思わず言ったが、Ｍによると問題ないという。日本を発つ前にイルクーツクの旅番組をやっていた。それによると、ガイドがバイカル湖の水を飲んで「美味しい」と言っていて、それでＭは飲みたくなったようだ。Ｍは「にごりもないし、美味しい水ですよ」と言いながらゴクゴクと飲んでいる。俺も飲んでみた。確かに臭みは一切なく飲みやすかった。

帰国後、気になってバイカル湖の水について調べてみたがバイカル湖は現在、水質汚染が問題になっているらしい。

周辺の製紙工場から工業廃水が流入したり、森林の殺虫剤散布のせいで水質汚染が問題化し、バイカル湖の固有種の中には絶滅の危機に瀕しているものもあるようだ。バイカル湖の流出河川はアンガラ川しかなく、その排水量は湖水のわずか0・26％である。一度水質が低下してしまうと排水される水が少ないため、なかなか回復しないそうで、最近では形態異常をきたしたアザラシの報告も入っているようだ。

ちなみに俺もMも水を飲んでも大丈夫であった。

俺たちはバイカル湖を眺めようと、高台に登ってみた。湖から湯気が蜃気楼のように立ち上り、神秘的で素敵である。しばらく俺は寒さも忘れて景色に没頭していた。静寂が心を無にしてくれるようだ。

「ズーズー、ズーーー、ズー」

そんな思いをブチ壊すように、Mの鼻をすする音が耳に入ってきた。

シベリア抑留

今日は旅の最終日だ。俺たちはバイカル湖から唯一流れ出しているアンガラ川まで歩くことにする。アンガラ川は部分的に凍り始めていて、うっすらと雪が積もっているところがある。川辺ではマラソンをしたり、散歩をしている人の姿も見える。凍っている氷の上に椅子を置いて釣りをしている人もいる。それほど水深が深くないため、バイカル湖よりも早く凍るのだろう。

せっかくたそがれていたというのに……

　川辺からはシベリアの経済を牽引したシベリア鉄道の列車が見える。思えば夏にチャンピーとウラジオストックからロシアに入り、モスクワから帰国した。その両都市は、この鉄道で繋がれているのだ。

　イルクーツクの街はコサックが造った。コサックとは、もともと南ロシアやウクライナなどの草原で半農・半牧生活を送っていた人々で15世紀頃、武装騎馬隊として結束し、特権を与えられてロシアの辺境警備などに付くようになった。

　コサックが１６５２年に毛皮などの交易をするためにアンガラ川河畔に小さな砦を造ったのがこの街の始まりだ。その後、毛皮の集積地になり、中国の清や、ウズベキスタンのタシュケントなどとの交易基地として使われた。

18世紀末には日本人の大黒屋光太夫がイルクーツクに一時滞在し、『中国、朝鮮、満州人などが交易にやってきていて栄えている街だった』と述べている。また、イルクーツクはロシア中から囚人や政治犯が送られる流刑地にもなっていた。1825年にはデカブリストの乱を起こした貴族たちがこの街に送られ、1863年にはポーランド立憲王国で反ロシア蜂起があり、その参加者たちも送られた。

凍った川の上で釣りをする人

第二次世界大戦後は日本人の抑留地の1つになり、最低の栄養状態と寒さによって大勢の捕虜が亡くなった。「シベリア抑留」という言葉は昔から耳にしていたが、来てみてその厳しさがわかった。極めて過酷な寒さと冬の長さは流刑地にふさわしい。現代の防寒着でも街歩きをするだけで消耗するのに、日本人捕虜たちはどのような生活をしていたのだろうか。今でも彼らの労働で建設された建物が残っているそうだ。

イルクーツク郷土博物館に入ってみる。俺は訪れた街の郷土博物館や歴史博物館に行くことが好きなので、あまり乗り気ではないMを無理矢理誘った。ここは１７８２年に開館された古い博物館だが一度焼失し、１８９１年に現在の形で再建された。

建物の館内は、映画で観た大金持ちの屋敷のようで、１００年以上の歴史を感じてしまう。クロークに上着を預けるが、小さい博物館なのにやたらと係員が多い。そしてフレンドリーに笑顔で接してくれる。展示物では旧石器時代から現在に至るまでのイルクーツク地方の歴史を紹介している。シベリアに居住している少数民族の食器、民族衣装、玩具などが陳列してあって面白い。

昔の人が着ていた民族衣装

マイナス９度は暖かい

博物館を出た俺たちはイルクーツク駅を目指す。そのためにはアンガラ川に架かる長い橋を渡らないとい

イルクーツク駅

けない。歩いていると外気がゆるんで暖かくなってきた。気温を確認するとマイナス9度である。マイナス一桁になり、陽が少し出てくるとこの街ではかなり暖かく感じるのである。

橋の上からの眺めは素晴らしい。釣り船が停泊していて地元の人が釣りをしている。悠々と流れる川に目を奪われる。橋の途中まで歩くと、イルクーツクの駅舎が大きく見えてきた。橋の下には列車が停車していて乗客が乗り降りしている。

1898年にシベリア鉄道はイルクーツクに繋がった。駅舎もその頃に造られたもので、増築を重ねて現在のものになっている。旅情に浸っているとMがブツブツとつぶやいている。

「ピロシキ、ピロシキ」

この男はなぜここまでピロシキが食べたいのか。駅に行けばあると思っていたが見つからない。駅の一角には長距離用の切符売り場があり、英語のインフォメーションもある。シベリア横断鉄道で旅をしたらここは中継地点である。駅から大勢の乗客が出てくる。売店の近くではタバコを吸う人たちの姿も多い。車内は禁煙なので吸いたくてたまらなかったのだろう。

「ピロシキ、ピロシキ」

Mが売店で探すが、ピロシキは売っていない。冬という季節が影響しているのか、サンクトペテルブルクでもイルクーツクでもピロシキの姿はほとんど見かけない。

「ピロシキ、ピロシキ」

「Mさん、もう諦めましょうよ」

「ピロシキ」

「日本でも食べられるじゃないですか？」

「ピロ……」

やっと諦めたようだ。

俺たちは再び橋を渡って中心街に移動することにした。なんだか暖かくて歩きやすいぞ。太陽が出てきて雪も解け始めている。おや？　これはグリーンラインではないか。雪の下から観光客用に引かれた緑色の線が現れた。これをたどっていけば迷うことなく観光地を巡ることができる。

なんだかおかしい金沢「通」り

気温はマイナス7度。動きやすく、体が楽である。東京でこんな気温だったらとても外出などしたくないが、寒さに慣れてきているのだろうか。最終日に天候に恵まれるとは俺たちはツイている。

俺たちが次に目指すのは金沢通りだ。イルクーツク市は1967年以来、石川県金沢市と姉妹都市協定を結んでいる。そのため、市内に「金沢通り」が造られたのだ。ただし通りとはいっても、そこには看板と灯篭しかない。しかも『通』の「しんにょう」が、おかしな位置にあり少し間抜けに見える。

腹が減ってきた。おそらく今回の旅で最後のロシア料理になるだろう。Mが「あそこのお洒落な店に入りましょう」と行ってスタスタとレストランに入っていった。

店内は実に洗練されていて、5、6人いる女性スタッフはみな若くて美人である。フレンドリーな上、メニューにも英語表記があり、注文を取りにきたスタッフは英語が堪能。俺たちはハーブティとビーフ・ストロガノフを注文したがとても美味しい。メニューも豊富で宿の近くにあったら通っていたに違いない。最後にいいレストランに出会えて嬉しいものだ。

お洒落なレストランのビーフ・ストロガノフ

旅の終わり

部屋に戻った俺たちはシャワーを浴びてリラックスして、少し仮眠を取ることにした。帰国後もお互い忙しく、翌日から活動しなくてはならないので体調を崩したくない。ベッドに横になるが俺は1時間ほどで目覚めてしまい、ボケーっとしていた。

Mは疲れて寝ている。疲労も溜まっているだろうし、寒冷アレルギーで鼻水が止まらなくなって少し苦しそうだ。今回の冬の旅は俺の方は足が痛くなり、Mの方は鼻水が止まらなくなったが、風邪はひかなかったし、ひどいトラブルもなかった。初めてのMとの二人旅だったが、かなり楽しかったのでまた機会があれば一緒に行きたいと思う。

タクシーは22時半に予約していた。ホテルの前で車が待っているという。チェックアウトして外に出ると厳しい寒さが襲ってくるが、これも最後かと思うと寂しくなるから不思議なものだ。

俺たちは空を見上げ、そして同時に言葉を発した。

「すごく綺麗ですね」

そこにはシベリアの空に輝く『満月』が煌々と輝いていたのだ。

あとがきとしての対談

Ｍ：お疲れさまでした。ロシアは一言でどうでした？
嵐：好きになっちゃったよ。
Ｍ：どこがいいのですか？
嵐：みんなに聞かれるんだけど、俺もなぜかわからないんだよ。ロシア人は一見、不愛想だけど、実は優しい人が多いんだよね。距離感が独特というか、あまり干渉してこないのに困っているときは助けてくれる。行けば行くほど好きになるし、ロシア語を覚えればもっと楽しくなるに違いないね。
Ｍ：私も冬のロシアに嵐さんと一緒に行けてよかったですよ。
嵐：これほど楽しいとは思わなかったね。２人でイルクーツクの夜に遭難しかけた時、一緒に死ぬのは嫌だと思ったけど。
Ｍ：あの時は、必死でしたね。だけど、部屋に無事に着いて、嵐さんがグラスに入ったワインを美味しそうに一気飲みした時のことは一生忘れませんよ。「沁みるぅ」って顔してましたね。
嵐：あの時は、本文にも書いたけど、これを飲んで体を温めないとヤバイという生命の危険を感じたんだね。体が冷え切っていて、もう少し外にいたらどうなっていたかと思うと怖い。

M：そうですね。取材旅行なのでどんなに寒くても外にいないといけないですし。

嵐：まず、普通の旅行者だったらあの時期のイルクーツクには行かないと思うよ。

M：観光シーズンの夏ではないし、かといってバイカル湖が凍っているわけでもない。寒いだけですもんね。だけど、私としては出発前に現地の気温を調べていたら、最低気温がマイナス30度以下になっていたりしたんですよ。どうせ寒いならそれぐらい寒いほうが面白かったですね。

嵐：おいおい、本当に死んじゃうよ。ただでさえ、鼻水が止まらなくなって、ホテルの部屋じゃ、鼻に丸めたティッシュを突っ込んでたっていうのに、よく言うよな。

M：日本に帰国したらすぐに鼻水は止まりました。やっぱり寒冷アレルギーだったみたいですね。そんな症状があることを知らなかったので勉強になりましたよ。

嵐：妙にポジティブだな、Mは。

M：サンクトペテルブルクも印象深かったですね。街の景観が素晴らしかったですし、シーズンオフで観光地はすいていてホテルも格安でした。

嵐：あれから約1ヵ月後、冬の観光シーズンになったらしくて、その時期に友人夫妻がサンクトペテルブルクを訪れたんだ。その時はエルミタージュ美術館も2時間待ちだったし、どこも混んでいて大変だったみたい。ネヴァ川を夏に散策してみたいけど、観光客で溢れていたらまた雰囲気も違うんだろうね。

M：夏にチャンピーと行ったロシアはどこが記憶に残っていますか？

嵐：樺太とモスクワだね。樺太は歴史を学べば学ぶほど、言いようのない舞台に立たされているような感情になってしまうし、行ってとてもよかったな。モスクワは冬にも立ち寄りたかったぐらい気に入ったよ。

M：ずいぶん気に入ったようですね。まさかそこまで褒めるとは思っていなかったです。

嵐：歴史的重厚感かな。街は素晴らしく、人もよかった、経済もどんどん成長しているのが感じられるし、活気があるよね。だけど夏と冬の訪問で痛感したけど、ロシア語が最低限話せればね。きっと、もっと楽しかったよ。

サンクトペテルブルクの宿で
向井さんのFacebookページと

M：またロシアに行きたいですか？

嵐：もちろんだよ。この本を読んで興味を持ってくれた人がいたら、ぜひ訪れてほしいと思うし、旅行者が増えてほしいと思うね。それから昨年（2017年）7月に、良き友であり、バックパッカー界の重鎮と言われた、ジャパン・バックパッカーズ・リンク代表の向井通浩さんが49歳で亡くなったんだ。それを知ったのがモスクワの滞在時だった。とてもショックだったよ。彼にはいつも新刊を送っていたし、喜んでくれていたんだ。彼もロシアに行く予定があってウラジオストックまでの往復チケットを購入してビザも取得していた。線香をあげに彼の実家に行った時に、母親からパスポートを見せてもらって、そこにはロシアのビザが貼り付けられていた。だけど、そのビザは使用されなかった。向井さんは、出発日の1週間前に誰にも気づかれることなく亡くなってしまったんだ。彼にロシアの街を見てほしかったし、この本もプレゼントしたかったよ。

M：私も向井さんをよく知っています。取材に快く協力してくださったり、旅の情報を教えてくださったり、とてもお世話になりました。ご冥福をお祈りします。それでは最後に、読者の方に向けてメッセージがあればどうぞ。

嵐：この本を読んでロシアの魅力を知っていただけたら幸いです。また次も面白い旅行記を書いていきたいと思うので応援をよろしくお願いします。

文庫化のためのあとがき

俺は今、フィジーのナンディという街にいる。リゾートやダイビングに興味はないが、世界一周する過程で、次の行先であるニュージーランドのオークランドまでの繋ぎで滞在している。古びたゲストハウスで一人で適当にくつろいでいる。

早いもので『おそロシアに行ってきた』を刊行してから1年半が経とうとしている。その間にロシアでは電子ビザ制度が進み、訪れる人がますます増えている。現にウラジオストックを訪れた友人、知人は多く、また読者からも「本を参考にして行ってきました」と報告が入った。

俺はロシア専門家ではないし、ロシア語も話せないのでそんな人間が「ロシア」と題名がつく本を書いていいのかと少し恥ずかしい気もしたが、旅をすればするほどロシアを好きになってしまったので、本を刊行できることに無上の喜びを感じたものである。

取材旅行はバランスよく周ったと思っているが、少し振り返ってみる。

期間は、2017年の7月後半から8月にかけて、日本から一番近い「東方の玄関口」ウラジオストック、かつての日本領土で複雑な歴史のある樺太（サハリン）、ロシアの飛び地であるカリーニングラード、首都モスクワと周り、11月後半から12月にかけて古都サンクトペテルブルクと「シベリアのパリ」イルクーツクを訪れた。それほど年月は経っていないので内容は色あせていないはずだ。

俺は若い頃から旅を続け90ヶ国以上を訪れているが、印象に残っている国のベスト5にロシアは入ると思っている。訪れる前までは日本との歴史的背景や、社会主義国の代表と言ったマイナスのイメージばかり持っていて、旅に関しても手続きが面倒だとか、人が冷たい、交通が不便、英語が通じないことなどに対する不安があった。また手に入る情報も乏しかったので直接行ってみるまで現状がよくわかっていなかった。

実際に行ってみると、案の定モスクワやサンクトペテルブルクなどの大都市以外では言葉の問題が発生するし、無表情で時に怖い顔をしているロシア人に威圧感を覚えた。しかし、滞在日数を重ねるうちロシア人はシャイなだけで優しい人が多いことを知り進んで会話をするようになったし、美味しい食べ物や想像以上に発達したインフラなどに接してそれまで持っていたロシアのイメージは覆されていった。

西から東までロシア各地を訪れたら満足するだろうと思っていたのだが、不思議なことにもっと行きたくなったし、興味がますます膨らんできたのだ。ＫＧＢに何かを埋め込まれたわけではないと思うが洗脳されたかのように、ロシアのことや旧ソ連圏のことを一日中考えていたこともある。

昨年、旧ソ連のウズベキスタン、カザフスタン、キルギスに行ってきたが、そこにも重厚な存在感を放つ旧ソ連時代の建造物が残っていて思わず興奮してしまった。俺はロシアや旧ソ連の歴史、建物、食べ物、観光地と、あらゆるものが好きなのかもしれない。現在、日本とロシアの関係は微妙な時期にある。だからと言って行きにくいわけではないし、魅力的な国なので機会があれば足を運んでみてほしい。

フィジーにて。
嵐ようういち

著者略歴
嵐よういち
1969年生まれ。東京都杉並区出身。独身。
20歳からイギリス、アメリカと留学（遊学？）して、その後、面白い写真を求めて海外を放浪する。90ヶ国以上を渡り歩く。特に好きな地域は南米。著書に『海外ブラックロード—危険度倍増版—』『海外ブラックロード—最狂バックパッカー版—』『南米ブラックロード』『アフリカ・ブラックロード』『海外ブラックロード—スラム街潜入編—』『世界中の「危険な街」に行ってきました』（ともに小社）などがある。
哲学——楽しくなけりゃ、人生じゃない。

著者ホームページは、http://www.blackroad.net
メールアドレスは、arashi@blackroad.net

【主要参考文献】
『地球の歩き方　ロシア 2016～2017』ダイヤモンド社／『地球の歩き方　シベリア＆シベリア鉄道とサハリン 2017～2018』ダイヤモンド社／『別冊正論「樺太—カラフト」を知る』産経新聞社／『ロシアは今日も荒れ模様』米原万里・講談社／『想い出の樺太』井戸田博子・文芸社／かつて日本は美しかった　http://d.hatena.ne.jp/jjtaro_maru/20120209/1328791428／Record China　http://www.recordchina.co.jp

おそロシアに行ってきた

2020年1月9日　第1刷
2020年4月9日　第2刷

著　者　嵐よういち

発行人　山田有司

発行所　株式会社彩図社
〒170-0005
東京都豊島区南大塚3-24-4 MTビル
TEL 03-5985-8213　FAX 03-5985-8224

URL：https://www.saiz.co.jp/
Twitter：https://twitter.com/saiz_sha

印刷所　新灯印刷株式会社

 ISBN978-4-8013-0421-5 C0126

本書は、2018年6月に小社より刊行された『おそロシアに行ってきた』を修正の上、文庫化したものです。